让我们一起追寻

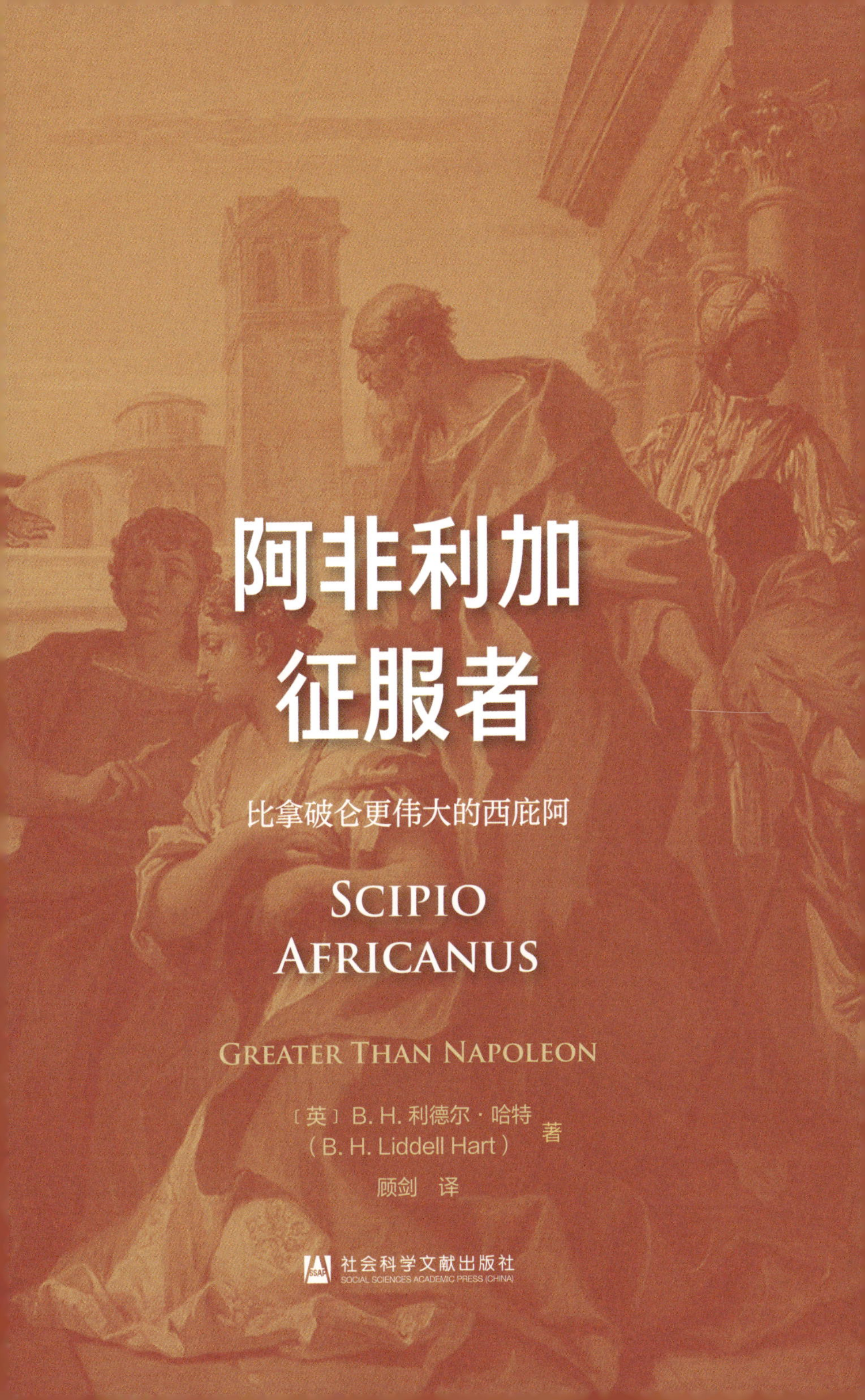

阿非利加征服者

比拿破仑更伟大的西庇阿

SCIPIO AFRICANUS

GREATER THAN NAPOLEON

〔英〕B. H. 利德尔·哈特
（B. H. Liddell Hart）著
顾剑 译

社会科学文献出版社
SOCIAL SCIENCES ACADEMIC PRESS (CHINA)

普布利乌斯·科尔内利乌斯·西庇阿·阿非利加努斯

致

剑桥大学基督圣体学院的

院长、院士和学者们

目　录

阿非利加征服者

示意图

序

有观点认为，个人在历史上没那么重要，重要的只是一系列 v
客观的趋势和走向。而要反驳这一说法，西庇阿·阿非利加努斯
（Scipio Africanus）是一个最有力的论据。因为他以多种方式，
给历史打上了个人烙印——如果他从未降临人世，历史的轨迹必
将截然不同，至少其进程肯定大异其趣。

首先，他是一名具有非凡军事才能的军人和统帅。在本书的
书名中，利德尔·哈特甚至称他比拿破仑更伟大。可以肯定的
是，他是第二次布匿战争的最大赢家之一。这是有史以来最具意
义、最重要的战争之一，在这场战争中，罗马打败了迦太基的汉
尼拔[1]。西庇阿在西班牙、意大利、阿非利加的系列战役的细
节，经常是人们热议的话题，本书中将有更多相关探讨。毋庸置 vi
疑，西庇阿·阿非利加努斯在战略和战术上的天赋是一流的；在
部队训练方面，他也能力超群；他还准备随时向敌人学习。仅举

---

① 即汉尼拔·巴卡（Hannibal Barca，前 247～前 183 年），北非古国迦太基的军事家、国务活动家，出身迦太基世家巴卡家族。第二次布匿战争期间，他率领军队从西班牙翻越比利牛斯山和阿尔卑斯山进入意大利北部，并多次以少胜多，重创罗马军队。他是古代西方世界最伟大的统帅之一，被誉为“战略之父”。（本书脚注如无特殊说明均为译者注。）

一例，他在阿非利加战役中取得的胜利，就充分展示了所有这些技巧。很明显，利德尔·哈特感受到了这一点。在1944年与乔治·巴顿将军谈话后，他断言，西庇阿的才能，特别是此人的“间接路线”（indirect approach）技艺，正是英国战胜德国所需要的：攻击其后方，同时避免正面的直接进攻。利德尔·哈特深信，理解西庇阿的诸战役，将极大地促进现代战争的革命。

当然，西庇阿的名声和影响并不仅限于此。罗马在第二次布匿战争中击败迦太基，西庇阿在其中扮演的角色是决定性的。这场战争获胜意味着罗马不再仅仅是一个意大利政权，而成为一个地中海势力，后续西庇阿在亚洲的行动坐实了这一切。换句话
vii 说，罗马人在接下来数个世纪都是西方世界的主宰者，在这极为重要的进程中，西庇阿发挥了主导作用。这一过程和结果在今天尤其值得关注，因为许多国家正在努力实现它们对单一的欧洲共同体的构想。当然，这并不是说罗马帝国的边界，无论是在西庇阿的时代还是在其身后，都与目前确定或谈论的任一种欧洲的边界完全吻合。尽管如此，人们还是忍不住做出比较。最终，从大西洋沿岸延伸到幼发拉底河的罗马帝国，为当前的尝试提供了唯一重要的先例，而其诞生在很大程度上要归功于西庇阿·阿非利加努斯。

从利德尔·哈特这里听到这一切是一种享受，因为他自己就是20世纪涌现出来的杰出军事问题专家之一。就我本人而言，

我还清楚地记得，作为一名年轻军官，在第二次世界大战期间，我满怀热情地阅读了他的军事书籍，这一点并不总令我的上司们感到高兴，尽管后来的经历证明他们是错误的，而他是对的。了解利德尔·哈特这样的军事作家、思想家对一位军事天才——如 viii
西庇阿·阿非利加努斯——的看法，是非常值得的。

在活着的时候，西庇阿就已被公认为一个超凡脱俗的人，这一点因他的运气和他在罗马人民（罗马人民违反常规给予他长期的统帅权）及其部下中的崇高声望，以及他本人不似他人的准神秘主义信仰而加强。这种信仰又因他声称自己与朱庇特[①]在其神殿里交流得到进一步强化。因此，当我们检视后世，会不可避免地把西庇阿看作日后杰出的、往往身为独裁者的领袖抑或是皇帝的先驱。但有趣的是，他是一个过渡性的人物，战时危机一结束，他就谦逊地俯身就位于元老院同僚之中——或许他不得不如此。他的很多同僚都不喜欢他，对他的光辉岁月满腹嫉恨；而他在公元前 180 年生命结束之时，也远谈不上怀有幸福感。一些人不喜欢他，他们目光长远、有理由地预见到这种个人崇拜可能导致专制；另一些则是简单地讨厌和不信任任何超越自己，或在天赋上优于自己的人。希特勒和墨索里尼也在痛苦中离世，尽管在很大程度上三人可以被归为一类，但西庇阿却跟他们不同。 ix
因为他从来没有获得，甚至没有渴望获得他们那般对权力的绝对

① 作为多神教国家，罗马尊朱庇特（Jupiter）为主神。

掌控。也许我们有必要再次强调他的过渡性，这使得他特别具有研究价值。因为在即将成为一个专制的强权人物时，他却选择了退休和隐居。

他享有非凡声誉和影响力的另一个原因是他对希腊文化的喜爱，他是希腊文化的拥趸。这在今天听起来没什么大不了的，当我们回顾罗马文明后续的历史时，能看到它是多么强烈地受到希腊的影响。但在西庇阿活跃于政坛的早期，这是一种出人意料的特殊态度，他在元老院里反希腊文化的政敌对此耿耿于怀。他是一群人的核心人物，这些人认为，对希腊思想的熟悉和吸收，才能最好地展现罗马精神；公元前 201 年西庇阿赢得重要战役胜利的画卷显示，这不是没有意义的。而通过后继者，他也赢得了这一战斗。后来的罗马文化被希腊文化渗透，西庇阿有理由相信，这不会动摇罗马精神的根基。多么惊
x 人的成就！当他出场时，罗马无疑只是一个狭小的意大利城镇；当他离去时，罗马走在与希腊世界互动的道路上，并将持续结出果实。

因此，我们应该加深对西庇阿的了解。在很多方面，他都有点难以捉摸，因为在他生活的时代，传记和史学都不发达。我希望我们能更多地了解他，毫无疑问，利德尔·哈特也是如此，他充分利用了我们所知道的一切。由于利德尔·哈特具有作为一个作家的写作技巧，以及某些技艺方面的专长——西庇阿本人在这方面是最有天赋的——他的著述值得一读。军事

历史学家杰伊·卢瓦斯（Jay Luvaas）评价利德尔·哈特的谢尔曼[①]传记时写道："这是一部非常有影响力的军事理论著作，也是一部战史，或者说是军事家传记。事实上，这是将这三者结合的最佳范例。"在向读者介绍同一位作家对西庇阿·阿非利加努斯的宏大研究时，我觉得没有比以上话语更恰当的表述了。

迈克尔·格兰特（Michael Grant）

1993年11月，于意大利卢卡

迈克尔·格兰特是著名的古代史学者，他写了十几本 xi
书，包括《罗马帝国的衰落》（*The Fall of the Roman Empire*）、《从亚历山大大帝到克利奥帕特拉：希腊化世界》（*From Alexander to Cleopatra: The Hellenistic World*）、《希腊与罗马社会史》（*A Social History of Greece and Rome*）、《可见的过往》（*The Visible Past*）、《西方世界的缔造者》（*The Founders of the Western World*）以及《君士坦丁大帝》（*The Emperor Constantine*）等。

---

① 即威廉·特库赛·谢尔曼（William Tecumseh Sherman，1820~1891年），美国内战时期北军著名将领，陆军上将。在作战指挥上反对墨守成规，主张以连续进攻摧毁敌方的抵抗意志，善于以骑兵实施远程奔袭。利德尔·哈特关于他的传记于1929年出版。

汉尼拔

前　言

写这本书的缘由，是近年来没有关于西庇阿的传记。有关 xiii
他的第一本也是最后一本英文传记是在1817年出版的，出自一名乡村教士之手，但他未对西庇阿的军事生涯做任何探讨！写作本书的原因，除了在于西庇阿的人格具有传奇性，以及他作为罗马世界霸权的奠基人而在政治上具有的重要性之外，还在于他的军事成就对现代战争研究者的价值，超越了历史上任何其他伟大统帅。这是一个大胆的论断，我希望后面的叙述将证明这一点。

研究拿破仑战争、1870年普法战争，甚至是第一次世界大战的战术方法，跟研究公元前3世纪时的战术方法一样，也许并无意义，但为将之道不会过时。正是因为在战略和计谋上，西庇阿指挥的战役较历史上其他军事指挥官的更为丰富多彩——很多在今天亦有价值，所以对军人而言，它们是取之不尽的实战教材。

从战略上讲，西庇阿还是比较“现代”的。当前，我们是 xiv
时候醒悟了，要认识到大屠杀不是胜利的同义词，“消灭战场上的敌军主力”充其量只是达到目的的手段，而非目的本身，很不幸的是，克劳塞维茨[①]的盲从者们欺骗了自己，也欺骗了世界。在未来，甚至比在过去更需要研究和理解军事、经济和政治力量之间的相互作用，这些在战略上是不可分割的。较之其他任何一位伟大的统帅，西庇阿都更为了解并在他的战略中整合了这些力量。作为共和国的公仆，而非亚历山大大帝、腓特烈大帝（也作弗里德里希二世）、拿破仑这样的独裁者，他面对的阻碍是非常“现代”的，所以对他一生的研究在今天可谓恰逢其时。最重要的是，道义是他所有计划的终极目标，无论是政治的、战略的，还是战术的。

我向剑桥大学基督圣体学院院士杰弗里·巴特勒（Geoffrey Butler）爵士，剑桥大学圣约翰学院院士 W. E. 海特兰德（W. E. Heitland）先生，伦敦大学玛丽王后学院文学硕士、讲师 E. G. 霍克（E. G. Hawke）先生致谢，感谢他们阅读校样，提出有益的意见。

B. H. 利德尔·哈特

① 即卡尔·冯·克劳塞维茨（Carl von Clausewitz，1780~1831 年），普鲁士军事理论家和军事历史学家，他所著的《战争论》被誉为西方世界最杰出的战争理论著作。

导 论

通往失败之路就是迈向成名之路——显然，这是后人对世界上 1
最伟大人物的评价。流星的耀眼闪光，较之那遥远的、在高空中永恒不变的星星的光辉，给人们的印象更为深刻。是那最终冲向地球、化为普通尘埃的超自然的光芒，以其有形或无形的印记，赋予流星一种更具人情味的魅力吗？人类社会中的杰出人物就是如此，如果最终的陨落带有戏剧性的注脚，那么对悲壮失败的追思，会胜过对恒久成功的记忆。也就是说，可能是功业的圆满让重大失败变得格外突出，使成就如凹凸起伏的浮雕一般立体清晰；
而那些建立不朽功勋的人，则为别人的进步铺设了垫脚石，使得 2
他人可以更上一层楼，从而将自己的声望与后继者的名声融为一体。

这一理论至少在现实中得到了充分的验证。拿破仑和李将军①被“供奉”在很多戏剧、小说和回忆录之中，而威灵顿②与

① 即罗伯特·E. 李（Robert E. Lee，1807~1870 年），美国军事家，南北战争时期南方邦联军队总司令，多次以卓越的指挥技艺以寡击众打败联邦军队。1865 年在弹尽粮绝的情况下向联邦军队投降，美国内战宣告结束。

② 即阿瑟·韦尔斯利（Arthur Wellesley，1769~1852 年），第一代威灵顿公爵，拿破仑战争时期的英国陆军将领，在滑铁卢战役中彻底击败拿破仑大帝；后两次组阁出任首相，是 19 世纪最具影响力的军事、政治人物之一。

格兰特[1]引导国家安然无恙地冲出险境，并取得了胜利，但几乎被作家们遗忘了。即便是林肯，在某种程度上也被忘却了，只是刺客的子弹改变了这一切。纳尔逊[2]则是在得胜时刻阵亡，悲剧唤醒人心，摆脱了胜利结局被人淡忘的耻辱。在未来的一个世纪里，鲁登道夫[3]很可能会被装扮成欧洲战争中的英雄人物，而福煦[4]则变得默默无闻；现在已有迹象表明，人们倾向于抬高战败者的地位。

为了恒久的名誉，一个实干家必须诉诸情感，而不仅仅是理智；既然活着的人自己都无法唤起后人的情绪，那么，对于最终的失败，带有戏剧性的人情味就至关重要了。在人类为之奋斗的大多数领域，这一真理似乎都适用。斯科特试图到达南极极点，其勇敢但徒劳无功的尝试让全世界一直铭记，而阿蒙森和皮尔里

---

① 即尤里西斯·S. 格兰特（Ulysses S. Grant，1822～1885 年），美国军事家、陆军上将，在美国内战后期任北军总司令。他具有政治胆识，善于把握战争全局，为北方赢得内战胜利做出了重要贡献。1869 年当选为美国第十八任总统。

② 即霍雷肖·纳尔逊（Horatio Nelson，1758～1805 年），英国杰出的海军将领。他在 1805 年的特拉法尔加海战中击溃法国及西班牙战舰组成的联合舰队，迫使拿破仑彻底放弃从海上进攻英国本土的计划，但自己却在战斗期间中弹身亡。

③ 即埃里希·冯·鲁登道夫（Erich von Ludendorff，1865～1937 年），德国陆军将领，在第一次世界大战中表现杰出，他与冯·兴登堡元帅成为一战后期德国事实上的领导者。战后创立了“总体战”理论。

④ 即斐迪南·福煦（Ferdinand Foch，1851～1929 年），法国军事家、元帅，1918 年任协约国军队总司令，是使协约国赢得第一次世界大战的关键人物之一。

成功的冒险逐渐被大众淡忘。[1] 在体育界，多兰多的马拉松被铭 3
记在心；但在普通大众中，有谁能回忆起真正的获胜者海耶斯[2]，或者之后任一位真正的马拉松冠军的名字呢！

对于这种非理性的、感情用事的判断，将责任归咎于现代新闻业是目前流行的观点。然而，对历史最简单的调查表明，它的起源要追溯到遥远的时间迷雾中。长久以来，有一种趋向，即忽略恒久的胜利，而颂扬戏剧性的失败，对此历史学家事实上要负主要责任。相较于其他人，他们更应该通过学术研究和判断来倾向于相信理性。对这一当下的现象，若用古代史来验证，最引人注目的例子莫过于西庇阿·阿非利加努斯——本次简要研究的主题，这项研究试图纠正那种“史实”的平衡，侧重于进一步探讨西庇阿的智识水平和军事天分，而不是像通常那样，关注来自其对手的诋毁。急于提高汉尼拔声望的历史学家们，对西庇阿的贬低是逐步加剧的。这一做法

① 本句中提到的三个人物分别指：罗伯特·福尔肯·斯科特（Robert Falcon Scott，1868~1912年），英国海军军官，1911年时他带领探险队向南极出发，试图成为第一个到达南极极点的人。遗憾的是他未能成功，他的竞争对手、挪威人罗阿尔德·阿蒙森（Roald Amundsen，1872~1928年，挪威极地探险家）抢先一个月到达了那里。在返回途中，斯科特的探险队因供给不足在饥寒交迫中全部冻亡。罗伯特·埃德温·皮尔里（Robert Edwin Peary，1856~1920年），美国探险家，1909年，他成为第一个抵达北极极点的人。

② 本句中提到的人物分别指：多兰多·皮特里（Dorando Pietri，1885~1942年），意大利长跑运动员。1908年7月24日，在伦敦奥运会马拉松比赛中，多兰多第一个跑进终点白城体育场，但在极度疲劳中，他先是跑反了方向，然后又在距离终点15米时晕倒在地，在他人的搀扶下才顽强走到了终点，虽然第一个撞线，但因有他人协助，多兰多最后被取消了冠军资格，美国运动员约翰·海耶斯（John Hayes，1886~1965年）赢得金牌。多兰多这位失败的英雄成为1908年伦敦奥运会最出名的人物。

越离谱，就越不可原谅，因为关于此，并没有很多自相矛盾的原始
4 资料，也没有太多现代的观点。事实上，用来进行研究和判断的可靠文献仅限于波里比阿①和李维②的著作，也有一些来自其他古代权威的资料，但不可否认，那些不太靠谱。这两位中，波里比阿的年代要早一些，他跟所述的历史事件几乎处于同一时期，他还是西庇阿的老部下盖乌斯·莱利乌斯（Gaius Lælius）的朋友，可以从莱利乌斯那里获得第一手的证据和评价。他有西庇阿家族的档案可供研究，当他实地考察战场时，许多参战人员还在世。因此，他的看法所基于的原始材料几乎是独一无二的。

此外，作为一个希腊人，波里比阿的观点不像李维那样被人怀疑带有罗马爱国主义偏见，而现代历史评论则一致赞扬其公正、研究的深入和评判眼光的正确性。

波里比阿的结论清晰明了，其所陈述的事实更具说服力。

后世罗马人对西庇阿有不同看法，这是事实。但波里比阿对其成功原因的说明是如此令人信服，我们所知的西庇阿的战略和战术谋划也证明了这些解释是对的。因此，现代作家没有任何借口认为这是运气使然，而迷信使得古人将其归因于神助。“他几

---

① 波里比阿（Polybius，约前204~前122年），古希腊历史学家。青年时代作为贵族人质之一被带到罗马，担任过西庇阿养孙西庇阿·埃米利安努斯的家庭教师，成为罗马上层社会的一员，约公元前150年回到希腊。他所著的《通史》是古代西方最伟大的历史著作之一，全书40卷，只有前5卷完整保留至今。

② 即提图斯·李维（Titus Livius，公元前59~公元17年），古罗马著名的历史学家，著有《罗马自建城以来的历史》。

乎是有史以来最出名的人，这使得每个人都想知道他是什么样的 5
人，什么样的天赋和训练使他能够完成这么多伟大的战役。但是，没人能够避免不犯错误，对他的评价是有不实之处的，因为那些向我们描述他的人的看法与事实相去甚远。”“……他们把他描绘成一个受运气眷顾的人……在他们看来，这样的人比那些总是深谋远虑的人更神圣，更值得钦佩。他们不知道，对凡人而言，后一种人值得称赞，而前一种仅值得祝贺。能做出正确判断、更有智慧的人是值得赞扬的，我们把他们看作最非凡、最得上天宠爱的人。在我看来，西庇阿的特质和处事原则与斯巴达的立法者来库古①非常相似。我们不能认为来库古是受迷信观念影响，仅在德尔菲神庙女祭司的授意下就制定了斯巴达的法律，也不能讲西庇阿是在梦境和预兆的暗示下，为他的国家赢得了这样一个帝国。因为他们两个人都明白，大多数人既不会轻易接受自己不熟
悉的事务，也不愿在没有神意相助的情况下冒巨大的风险。因此 6
来库古通过援引女祭司的神谕来支持自己的方案，使其更容易被接受，也更容易被人相信；而西庇阿也给手下的人灌输一种信念，即自己的计划是受神的启发，从而使他们更加乐观，更愿意面对危险的事业。但是，西庇阿的行动总是基于精心策划和深谋远虑，并且其计划的成功总是符合理性的预期，这是显而易见的。”

---

① 来库古（Lycurgus，前 700~前 630 年），古希腊政治人物。来库古对斯巴达进行了社会和军事改革，从根本上重塑了斯巴达社会。按照古代历史学家的说法，来库古是从德尔菲神庙得到了神谕，被告知在斯巴达应如何立法。

对今天的人来说，这样的解释不仅是有说服力的，而且也提供了理解此人的钥匙，无论是军事、政治还是外交上的胜利，首先都是基于他对人心的超凡洞察力。此外，他还像一个伟大的管弦乐队指挥一样，把这一天赋运用到世界和谐的创建上。在处理政务、从战争到和平的历程中，他终以和谐之音收官，这种和谐恰如乐理所定义：“各部分既来源清晰、目的明确，又自然流畅，终成令人回味无穷的休止。”然而，身为人类乐团的指挥，他有两
7 重缺陷，一是与生俱来的，一是随岁月增长而渐显的：他无法理解低沉的音符——人类能堕落其中的那种狭隘、卑鄙；权力带给他精神上的亢奋，这使他未能听到那些不和谐的音符在初始阶段的警告，而这些不和谐的音符，将毁掉接近完成的辉煌的交响乐。

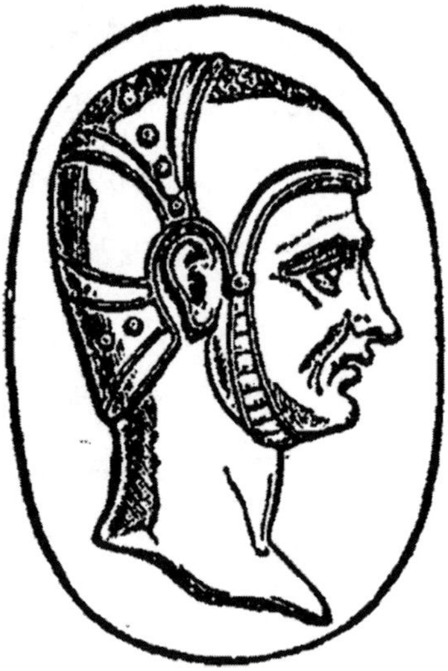

西庇阿

第一章
微光

普布利乌斯·科尔内利乌斯·西庇阿（Publius Cornelius 9
Scipio）于公元前235年，即罗马建城的第五百一十七年，出生于
罗马。虽然他出身于罗马的名门望族——科尔内利乌斯氏族，但
其早年事迹和教育经历并未记录在案，甚至没有任何奇闻轶事流
传下来。事实上，直到二十四岁他因时势所趋主动请缨，被选中
去西班牙指挥军队，史料才让我们较多窥见他的成长足迹，而不
再只是此前一鳞半爪的零星记录。尽管早年经历仅存片纸只字，
但都意义非凡。首先是提基努斯河战役（battle of the Ticinus），那
是汉尼拔完成他著名的翻越阿尔卑斯山的行动后，在意大利本土
首次与罗马军团遭遇，在这里，十七岁的青年西庇阿陪侍着他的
父亲老西庇阿——罗马军团指挥官。[①] 他第一次上阵就吃了败仗，
但留下的事迹令人印象深刻。让我们借波里比阿之口说出这个故 10
事："为了保证他的安全……其父挑了一些骑兵交给他指挥（在
一座小山丘上做预备队），当看到父亲在战场上被敌人包围，身
边只有两三个骑兵护卫，且受了重伤，他先是恳请下属一起前往
救援，但他们都因周围敌人众多而胆怯，逡巡不前。无奈之下，
西庇阿以无畏的勇气单骑突阵，其他人只得跟进。敌方遭猛烈攻

① 当时老西庇阿为罗马执政官，指挥一个军团。

击，溃不成军，因此而意外获救的老西庇阿率先向他的救助者——他的儿子行礼。”据说，执政官父亲于是下令授予西庇阿一顶公民冠①，但后者婉拒了，“这是分内之事”。这一战功展现了青年西庇阿的勇气，但此事的结果，正如波里比阿所强调的那样，更多归功于他的心理洞察力。“通过这件事，他的勇敢赢得了公认，但是后来当身负国之重任时，没有充分的理由，他绝不以身涉险——一个指挥官所恃的不是运气，而是才智。”

11 当代人②经历过战争磨炼，所以上述西庇阿的冲锋，对他们的触动可能要比袖手空谈的历史学家大得多。在这些亲历者眼中，一位高级指挥官如果总像个排长一样身先士卒，反而会牺牲他本应承担的岗位职责。在军人看来，这样的人物并不像在平民眼中那样显得英勇或鼓舞人心。对某些人来说，他们并不是天生就喜欢冒险——这种人其实在军队中也很少，这类行为会唤起他们的回忆：自己曾靠一次类似的英勇举动赢得了士兵的敬重，也正因为这种精神感召力，他们后来才能更放心地采取那些更符合指挥官身份，也更负责任的自我保护措施——因为他们还要为他人生命负责。普通民众经常对处在士兵后方指挥作战的德国军官嗤之以鼻，然而一线战士③却不会这么认为：他知道一旦时机

① 公民冠由月桂树枝条制成，授予条件是在战场上亲手救下一名罗马公民的性命，这在罗马是相当高的荣誉。

② 本书写作于20世纪20年代初，那时第一次世界大战刚结束不久，多数人对战争的印象依旧深刻。

③ 根据作者身份，这里指参加第一次世界大战的一线英军士兵。

到来，自己长官的同行敌手不仅会不假思索地去冒险，还会以身作则，甚至献出生命。德国军官骑着白马赴死的故事，现在依旧在流传。

这一勇敢行为以及它所带来的声望，不仅让西庇阿个人提升很快，也对他的军事生涯助益良多。根据李维的说法，不到两年时间，公元前 216 年，西庇阿便成为军事护民官的一员，而军团
长就是从军事护民官中选出的。这个职位使他成为军团指挥官的 12
副手或参谋之一，如果类比的话，相当于现代的校级参谋（staff colonel）①。

西庇阿早期活动的第二个片段是在坎尼战役的次日，那是罗马最黑暗的时刻。奇妙的是，像马尔博罗公爵②一样，未来的罗马统帅自己指挥作战从未尝过失利的滋味，但当部属时倒是见证过大惨败。西庇阿在坎尼战役中的表现史无明文，但根据李维的记录，他显然是渡过奥菲多河（River Aufidus）、逃入罗马大本营的一万名幸存者中的一员。其中有四千人没有像他们的同胞那样举手投降，而是在黄昏后离开营地，摆脱迦太基骑兵的搜索，撤往卡努西姆（Canusium）。但此时依旧危机四伏，因为这里距

① 原文如此，这是基于英国当时的军制做出的解释。

② 即约翰·丘吉尔（John Churchill，1650～1722 年），第一代马尔博罗公爵，英国历史上最伟大的将领之一，在 1701～1714 年的西班牙王位继承战争中表现杰出，其中以布伦汉姆战役、拉米依战役、马尔普拉凯战役尤为著名，为英国奠定了成为日不落帝国的基础。20 世纪的英国首相温斯顿·丘吉尔以及戴安娜王妃都是他的后裔。

敌人只有大约四英里远。汉尼拔为什么没有扩大战果，消灭这批孤立无援的残敌，仍然是历史上的谜团之一，无论如何这都有损他的指挥水准。

在撤到卡努西姆的四千人中有四名军事护民官，据李维记载："所有人都同意将最高指挥权交给当时非常年轻的西庇阿和阿庇乌
13 斯·克劳狄乌斯（Appius Claudius）。"又一次，西庇阿在失败的黑暗中闪光：大灾再次降临之日，也是年轻人显出英雄本色之时。分裂——如果不是叛国的话——正威胁着这群人。有人说罗马完蛋了，这得到了一些青年贵族的认同，路奇乌斯·凯奇利乌斯·梅特路斯（Lucius Cæcilius Metellus）带头提出离开罗马，逃向海外，受雇于其他王室。噩耗传来，两位领导者大为震惊和沮丧。但当其他人敦促召集会议来审议这一主张时，西庇阿做出了回应。他指出："这不是个可以讨论的议题，在这样的灾难面前，需要的是勇气和行动，而不是开什么会。欲保卫国家者，即刻持械随我前往，此等阴谋策划之处，就是敌营之所在。"然后，西庇阿与几个同伴一起直奔梅特路斯的住所，他们的出现让会场的密谋者大为震惊。西庇阿拔剑在手，说出来意："我发誓我绝不背离罗马，也不允许任何一个罗马公民这么做。若我违背誓言，愿天神降最可怖之灾祸于吾宅、
14 家族及财产。我坚决要求你，路奇乌斯·凯奇利乌斯，还有你的同伙，同样起誓。反对者，吾剑所向！"结果，"被吓呆的人们如同看到了战无不胜的汉尼拔，他们皆立下誓言，自缚于西庇阿阶下听候发落"。

险情过去之后，西庇阿和阿庇乌斯听说幸存的执政官瓦罗①已抵达维努西亚（Venusia），就派出信使，接受其指挥。

西庇阿在历史舞台上的下一次亮相和之前不同。他的哥哥卢基乌斯②参选市政官③，而西庇阿“长期以来并未想过在官位上和哥哥平分秋色。等到选举临近，从选民倾向看，其兄当选的可能性很小。注意到自己颇有声望，西庇阿得出结论：唯有兄弟俩达成共识一起参选，哥哥的心愿才能实现。所以他想出了下面的计划。看到母亲为他哥哥的事情祭拜了多家神庙，对结果颇为关 15
心，西庇阿告诉她，事实上他曾做过两次同样的梦，他梦见他和哥哥一起当选为市政官，从广场上往家走的时候，她在门口迎候他俩，搂着他们的脖子吻了他们。她就像一个普通女人，因这些话而激动，大声说了‘我会看到那一天的’之类的话。‘那你想让我俩去试试吗，妈妈？’他说。他母亲根本没想到他会去冒这一次险，认为这不过是个随意的玩笑——毕竟他太年轻了。西庇阿请求母亲立即为自己准备一件白色的托加，这是候选人通常的

① 即盖乌斯·特雷恩蒂乌斯·瓦罗（Gaius Terentius Varro，生卒年不详），古罗马将领、国务活动家，前218年任裁判官，前216年任执政官，是坎尼战役中罗马军队的指挥官之一。

② 即卢基乌斯·科尔内利乌斯·西庇阿（Lucius Cornelius Scipio，生卒年不详），古罗马将领、国务活动家，前190年任执政官，“亚细亚征服者”。利德尔·哈特原文如此，但也有很多文献认为卢基乌斯为西庇阿·阿非利加努斯之弟。

③ 市政官职位通常是通往高级行政官员的第一级阶梯。其职能是城市的“内政部”（Home Office）——管理城市与执行法规，监管市场、价格和度量衡，监督和组织公共运动会。——作者注

穿着。母亲并未指望他们真能选上，而西庇阿在拿到白色托加后，趁母亲仍在熟睡时现身于会场。民众对眼前的一切非常意外，西庇阿由于以往的人气，受到了热烈欢迎。等他走到参选人位置，与其兄并肩而立时，民众不仅选出了西庇阿，也因为他的
16 缘故选择了他的哥哥。两位当选的市政官回到家中，听闻消息喜出望外的母亲在门口迎接他们，深情地拥抱了两个年轻人。因此，听说过这个梦境的人都相信西庇阿不但在梦中，在现实和日常生活里也能与天神沟通”。

“然而，这根本不是什么梦境，而是因为他待人亲切、慷慨大方、言谈和蔼，他料想自己在民众中颇受欢迎，于是巧妙地让自己的行动顺应民众和他母亲的情感，最后不仅达到了目的，而且被认为得到了神灵的启示。那些无法准确观察机会、原因和倾向的人，会把通过精明和有远见的算计达成的事业归功于神灵与命运。”

在一些人看来，这种欺骗手段，哪怕是为一个好的结果，也未免有些违背罗马人崇尚的崇高美德。而李维作为罗马人，不像希腊人波里比阿那么赞赏此类把戏，他对西庇阿如何养成这种习惯存有疑问，认为这可能源于其后期生涯中因此举屡获成功或是
17 习以为常。李维评价说：“西庇阿无疑是个出色的天才。此外，他打小就学习如何展现自己的天赋，他可能有点迷信，或是为了使命令带有激动人心的权威性，他几乎每次公开演讲都会假托梦境、幻觉或者神灵启示。”李维这么说可能是言过其实，因为他写作的年代较晚，而传说往往会渲染伟人的特质。在西庇阿现存

的言论中，这类超自然的说法仅偶尔出现，作为深谙人性的大师，他自然明白应该将其保留在关键时刻使用。

李维继续写道：“为了在这方面给公众留下深刻印象，他从
成年起就养成了习惯，除非先拜访卡匹托尔山[①]，他不会参与公
共或私人事务。在那里，他会进入神殿待一段时间，一般情况下
是独自一人，与世隔绝。这一习惯……被广泛传播（要么是偶
然，要么是有意为之），使人相信他不是凡人。关于亚历山大大
帝，有一则广为流传的逸闻，说他的生父是一条巨蛇，常在其母 18
寝宫出没，但有人出现便即刻消失。这一神迹也落到了西庇阿头
上……西庇阿本人从未对此嗤之以鼻，事实上，他宁愿利用这种
谣言，既不否认，也不公开承认。”顺便一提，后一种说法被几
位古代作家重复记录过，《失乐园》也有提及。弥尔顿[②]吟出了
这样的句子：

奥林匹娅斯[③]与他结合，孕育了西庇阿——罗马的巨人。

由西庇阿在公元前190年的叙利亚战争[④]中的行为可见，他宣称自己获得神谕，是根植于宗教信仰，而非理性认知。当时他留在

---

① 卡匹托尔山（Capitol），罗马七丘之一，上有诸神神殿。

② 即约翰·弥尔顿（John Milton，1608～1674年），伟大的英国诗人，《失乐园》为其代表作之一。

③ 亚历山大大帝的母亲。

④ 罗马与安条克三世时期的塞琉古王朝之间的战争。

军队后方，这间接导致军队停在赫勒斯滂[1]等他，因为他是一名战神祭司（Salian Priest），根据规定，他必须待在原地直至月末。

现代心理学家可能又会觉得，他的梦境是真实而非虚构的，日有所思夜有所梦。无论怎样解读“愿景”及其根源，他将其转化为现实的技巧是无可置疑的。在道德上，应对西庇阿致以最
19 高的敬意，他运用这一力量纯粹是为了祖国而非自身的利益。后来，忘恩负义的国家忘记了其救世主，当麻烦和指责来临时，西庇阿没有援引任何神的异象来为自己辩护。他如此克制，是更有把握、更有意义的，因为通过其他心理手段，他表明自己仍然是把握人性的高手。

西庇阿的当选在历史上有重要意义，因为这不仅阐明了他成功的本源以及对民众的影响，而且还揭示了他在政坛上衰落的原因，从一个忘恩负义的国家自我放逐，祖国目睹了他灿烂辉煌的职业生涯结束在阴影之中。根据李维的说法，他的当选并不像波里比阿所说的那样是全体通过；护民官反对他的自命不凡，因为他还未达到法定的参选年龄。而西庇阿反驳说：“如果公民们普遍希望我被任命，那我就不小了。”这一越过护民官直接诉诸民众的吁求立即得以通过，但这种对传统和规则的公然挑衅，很可能加剧了人们对年轻人的过早成功而必然产生的嫉妒与怨恨。

---

① 现称达达尼尔海峡。

第二章
黎明

这三个插曲成了西庇阿戏剧性一生的序幕。在罗马与迦太基 20
的生死搏斗中，公元前 210 年的形势如果算不上是最糟糕的，至
少也是最为晦暗不明的。双方的交锋始于公元前 264 年，在罗马
凭借政治远见与军事力量控制了意大利半岛（即亚平宁半岛）
后，这场冲突是必然的，因为只要域外的海上强权——迦太
基——还控制着半岛的海域，持续威胁罗马的海运和贸易，那罗
马的霸主地位就永远得不到保障。几经波折，第一次布匿战争于
公元前 241 年结束，罗马控制了海洋。然而，哈米尔卡·巴卡①
的抱负与野心不仅使战火重燃，更将罗马与迦太基的对抗，扩大
到其中一方要么确立世界霸权，要么垮台的地步。利用长时间表 21
面上的休战，这位迦太基战略家为对罗马的心脏地带实施打击进
行了精神和物质准备，教育他的儿子及追随者们以征服罗马为目
标，并将西班牙地区作为巴卡家族的战争培训学校和他们未来军
事行动的基地。公元前 218 年，汉尼拔翻越阿尔卑斯山，开始入
侵意大利，以收获他父亲播下的种子结出的果实。提基努斯河战
役、特雷比亚河战役、特拉西美诺湖战役连战皆捷，战果不断

---

① 哈米尔卡·巴卡（Hamilcar Barca，前 275~前 228 年），迦太基将领、国务活动家，汉尼拔之父。

扩大，直到坎尼战役到达胜利的巅峰。如果说罗马人的坚韧不屈、大多数意大利盟友的忠诚和汉尼拔的谨慎战略，让罗马获有喘息的机会，那么五年不间断的战事也耗尽了罗马的资源，使其盟友精疲力竭。公元前221年，即便表面上还看不出来，但罗马也许比以往任何时候都接近崩溃。一台崭新且状态良好的机器可以承受多次猛烈的折腾，但当磨损严重时，轻微的震动就足以使其崩溃。当汉尼拔在意大利南部征战，消灭罗马军队，却似乎离摧毁罗马政权的目标渐行渐远之际，迦太基在西班牙的军事行动
22 取得了一场胜利，足以导致罗马在半岛[1]无法立足。

那些年西庇阿的父亲老普布利乌斯·西庇阿和叔父格涅乌斯·西庇阿率领罗马军队节节胜利，直至分兵后相继败北，双双战死沙场。罗马军残部被撵到埃布罗河（Ebro）以北，幸好马尔西乌斯（Marcius）奋勇组织反击，罗马军队才没有被彻底逐出西班牙。即使这样，他们的处境依然很危险，许多西班牙部落在罗马人处于困境时抛弃了他们。尽管罗马本身的决心一如既往地坚不可摧，这场灾难只会促使它收复失地，但事实证明，选择一个继任者是困难的。最终的决定是召集人民大会选举西班牙总督，可无人毛遂自荐愿意临危受命。“选举当日，一筹莫展的人们来到战神广场，他们转身面对着官员们，看着那些最杰出人物的面容，而这些人面面相觑，带着恳求的眼神，

① 指西班牙所在的伊比利亚半岛。

又痛苦地交头接耳，诉说国事颓唐，共和国的状况令人绝望到
没人敢接手在西班牙的指挥权。突然间，败战沙场的老西庇阿 23
二十四岁的儿子普布利乌斯·科尔内利乌斯站在所有人能看见的高处，宣称自己愿意成为候选人”（李维）。西庇阿以全票当选，不仅所有百人团（century），而且现场的每个人都一致同意。“但当选举结束，热情和冲动消退，沉默接踵而至，人们暗自思量起自己的所作所为来——偏心是不是影响到了判断。他们主要叹息西庇阿的稚嫩，也有人担忧笼罩着他家庭和名字的那种宿命。他所出身的两个家族还沉浸在丧亲之痛中，他却要去行省，在父亲和叔父的坟墓前谋篇布局。”

西庇阿注意到了这些后顾之忧以及这些质疑的流传，为了安抚大众，他召开集会，在大会上，他睿智的论点让大家重拾信心。他如此年轻，就能在危急时刻对群体心理施加非凡的影响力，秘诀就在于非凡的自信。这种自信使得那些神明启示的故事
变得次要起来。“自信”这个词常常带有贬义，但西庇阿的自信 24
不仅事后被战果所验证，而且本质上也与众不同，这是一种精神方面的升华，即奥卢斯·格利乌斯[①]所概括的“胸有成竹，卓然而立”（conscientia sui subnixus）。

西庇阿率领一万名步兵和一千名骑兵，以及三十艘五列桨战舰组成的舰队，从台伯河河口出发，去增援在西班牙的军队。他

① 奥卢斯·格利乌斯（Aulus Gellius，125~180年），活跃于公元2世纪的古罗马作家，著有《阿提卡之夜》。

途经热那亚海湾（Gulf of Genoa）、里维埃拉海岸（Riviera shore）和利翁湾（Gulf of Lions），在西班牙边境上岸，随后陆路行军前往塔拉科（Tarraco，即现在的塔拉戈纳）。这里他能接触来自各西班牙盟友的使节代表。西庇阿对军心士气的敏锐把握，以及亲临一线——这两点是为将之道的关键要素——在他最初的行动中就体现出来。当时敌对双方都在冬季营地休整，在进行谋划之前，西庇阿拜访了盟友和全军上下，始终以甚于言语的行动来重燃信心，驱散过去战败的消极影响。他对马尔西乌斯的态度最能体现他的美德。马尔西乌斯在一定程度上挽救了罗马的灾
25 难，因此，一位雄心勃勃的将军可能会认为他是自己地位和名望的竞争对手，但是“马尔西乌斯被他留在身边，并受到礼遇，显然他最不担心的就是有人会妨碍他赢得荣耀”。拿破仑对莫罗[1]的妒忌以及刻意压制麾下元帅的做法，正好与西庇阿的态度形成鲜明对比，于西庇阿而言，军队中最好的敬意之一，就是属下将领们对他的恒久爱戴。“没有人是他贴身男仆的英雄”[2]，能在主要副手心中成为英雄的将领更是凤毛麟角——这些亲信清楚盛名与权力之下人的真实品性。如有必要，忠诚的下属会为军队的利益，维护上级绝对正确的表象，但这种认知终将随时间褪色。因此，值得记住的是，波里比阿的记叙直接源自西庇阿的副

---

① 即让·维克多·马里·莫罗（Jean Victor Marie Moreau，1763～1813 年），大革命至拿破仑时期的法国名将。

② 英国谚语，指人很难对太过熟悉、太过接近的人产生崇敬感。

手盖乌斯·莱利乌斯的亲述，这是唯一能在战前了解西庇阿军事谋划的人物。

他没有责难吃了败仗的士兵，而是恰如其分地唤起他们的理
智与精神，提醒他们，在罗马历史上，早期的失败是最终胜利的 26
预兆，平衡在被打破，罗马正从最初的灾难中恢复，意大利和西西里岛的形势在好转。随后，西庇阿指出，迦太基的胜利绝非卓绝的勇气所致，而是由于“凯尔特-伊比利亚人的背叛和我方的轻率，将军们因信赖与这伙人的联盟，彼此太过分散”。紧接着，他分析如何转败为胜。迦太基军队“驻扎在相距很远的地方”，由于蛮横和不够圆滑，盟友疏远了他们，尤其是敌军指挥官们私人关系不睦，这使得互相支援行动变得迟缓。最终，通过触发战士们对逝去统帅的情感，西庇阿点燃了他们的热情：“我很快会实现目标，正如你们所看到的一样，我的神态、面容和体形都能追溯到我的父亲、叔父身上，我将带来他们的天才、荣誉和勇气，你们会认定你们的统帅西庇阿，不是没有死去，就是重返人间了。”

加强部队与盟友的信心是他工作的开始，接下来他要打击敌
人了，不是攻击肉体，而是攻击精神上的致命之处。在战略 27
（区别于作战战术）几乎尚未萌芽的时代，西庇阿敏锐的战略眼光使他意识到西班牙才是整场战争的关键。西班牙是汉尼拔真正的作战基地，他在那里操练士兵和寻求援军。

西庇阿的第一步是将他对心理战的理解运用到西班牙战区。

当别人敦促出兵攻击某一支迦太基军队时，他却决定突袭迦太基的大本营——他们的生命线。他先把所有部队集结，将一支小而精干的分遣队——三千名步兵、三百名骑兵——交给马库斯·西拉努斯（Marcus Silanus）指挥，以保卫本方重要的行动枢纽：塔拉科。其余的两万五千名步兵和两千五百名骑兵——这是真正的节约兵力——与西庇阿横渡埃布罗河，“他没有向任何人透露自己的计划”。“事实上他不做任何在公开场合明说的事，而是突然扑向”新迦太基城，即现代的卡塔赫纳。为此，“他密令指挥舰队的盖乌斯·莱利乌斯——仅有他知道这一计划——航行前往那里，同时他率领陆军快速赶来”。波里比阿明智地强调，深
28 思熟虑是这个年轻人的特点，因为“首先，他掌控了已被认为绝望的局势……其次，在着手处理问题时，他没有采用那些平淡无奇的方法，而是制定出让敌人和盟友都意料不到的方案”。“当抵达西班牙时，他向每个人询问敌情，得知迦太基的兵力被分为三支”，马戈①的驻扎地靠近海格力斯之柱，吉斯戈②之子哈斯德鲁巴（Hasdrubal）控制塔霍河河口，哈斯德鲁巴·巴卡③包围了一座位于西班牙中部、离现今的马德里不远的城市。他们距新迦太基的行军时间都不少于十天；而事实证明，西庇阿本人距离该城仅有七天的强行军路程。他进攻的消息传到迦太基将领

① 即马戈·巴卡（Mago Barca，前243~前203年），汉尼拔之弟。

② 吉斯戈（Gisco，生卒年不详），汉尼拔手下大将。

③ 哈斯德鲁巴·巴卡（Hasdrubal Barca，前245~前207年），汉尼拔的另一个弟弟。

那里还要用上几日，如果西庇阿能先发制人达成奇袭，便将阻断
一切援助。“倘若失败，由于拥有制海权，可以确保军队的安
全。”波里比阿进一步告诉我们，“在冬天，西庇阿详细询问了
熟悉该城的人……了解到这座西班牙城市拥有得天独厚的港湾条
件，足以容纳舰队驻泊，更是迦太基人从阿非利加渡海而来的直
接登陆点。他还了解到，该地储备了迦太基人大部分的钱财以 29
及作战物资，还有他们从整个西班牙扣留的人质。以及最为关
键的：驻守卫城的战斗部队仅有一千人。这是因为迦太基方面
几乎控制着整个西班牙，任何人都想不到该城会被围攻。新迦
太基城的其余人口虽然数量庞大，但多由工匠、商人以及水手
组成，他们没有任何作战经验。西庇阿想到，假如他突然出现
在该城面前，所有这些因素对保卫这座城市都是不利的。”这
又是对心理层面的评估。“因此他放弃所有其他方案，在冬营
休战期投入全部时间去准备这一计划”，但是“他的计划向全
体人员保密，除了盖乌斯·莱利乌斯”。此番陈述表明，他掌
握了两个为将之道：一是将自己的意图保密，直至他认为适合
将其公开的时刻来临；二是认识到军事上的成功很大程度上取
决于前期详尽的准备。

波里比阿认为，西庇阿的行动是建立在巧妙算计之上的，而
不是建立在灵感或者运气之上。这在他所看到的西庇阿的一封信 30
中得到了间接证实，此外，李维引用的战前西庇阿在军队面前的
演说是直接的证明。有一句话概括了这一战略构想：“事实上你

们在攻击一座城市的城墙，但进入该城会使你们成为全西班牙的主宰。”接着，他恰如其分地解释了如何通过俘获人质、财富和武器装备来获取优势，并在心理、经济和物质层面削弱敌人。即便李维的说法是根据西庇阿面临的情况杜撰的，却和西庇阿的行动一致，所以具有一定的真实性。

第三章

卡塔赫纳的风暴

经过七天的行军，西庇阿率军抵达卡塔赫纳城下，并驻扎下 31
来，舰队也同时到达了海港，完全切断了城内的对外联系。这个海港是圆瓶状的，它的瓶颈几乎被一个岛塞住了，而卡塔赫纳本身就像一根插在瓶底的蜡烛，矗立在一块从大陆伸出的狭长岩石之上。这个小小的半岛与直布罗陀有明显的相似之处，将其和大陆连接起来的地峡只有大约四百码宽。城市两边是海，西部还有一个潟湖，因此很难被攻克，看起来固若金汤，只能对其加以封锁，但时间又不允许。

西庇阿做的第一件事就是确保在战术上立于不败之地：营地向外的一侧用栅栏保护，并挖了双重堑壕，从海滨的一边延伸到另一边。在面对地峡的内侧，他没有做任何防御，部分是由于地 32
理环境赋予其保护，部分是为了不阻碍突击部队的自由行动。迦太基指挥官马戈（Mago）① 为了对付他，将两千名最强健的市民武装起来，派遣到陆地一侧的城门准备出击，剩下的则被分配去全力防卫城墙，而他将自己指挥的正规军中的五百人部署在半岛

① 迦太基在第三次布匿战争战败后被罗马夷为平地，因此现存迦太基文献极少，我们所知的关于迦太基的信息基本来自罗马、希腊史家转述，他们对迦太基人物资料掌握有限，人名记录简略，且多有重复，具体是谁需根据上下文判别。提请读者注意，这里的马戈不是汉尼拔之弟。

顶部的卫城，另外五百人部署在东面的山上。

次日，西庇阿指挥舰队将城市包围，不断投射矢石，约在第三时辰[①]，以两千名精锐带着云梯沿地峡进攻，无法部署更强兵力的原因是地形太过狭窄。他意识到，如果遭到还未动摇的守军的反击，那地形就会成为对方的阻碍，因此他机敏地将这一不利条件转化为己方的优势。西庇阿一吹响进攻号角，就迎来了预料中的迎击，一场近距离搏杀随之开始。“但是两边的援军战力并
33 不均衡，迦太基人仅能经由一个门抵达，且距离很远，而罗马军则是就近从多个地点抵达，因此这场战斗并不对等。西庇阿故意将人马部署在营地附近，以尽可能地诱使敌军长途跋涉。”（李维记载，罗马军的先锋奉命撤到预备队位置。）“西庇阿很清楚，假如他歼灭了市民中的这些强悍分子，其他人的士气必然会受创，就没有人会有勇气冒险跨出城门”（波里比阿）。这最后一点是让他获得行动自由的关键。

通过在战斗中巧妙地连续投入后备力量，迦太基人的攻击先被阻止，然后他们开始无序地撤退，追击的罗马军的速度是如此之快，几乎到了可以跟着逃跑者挤入城门的地步。云梯安全地竖起，即便是这样，高耸的城墙还是阻碍了攀爬，进攻最终被击退。波里比阿描绘了指挥官在这一时刻的表现，显示出他是怎样将个人的影响力和控制力与避免轻率暴露的责任感相结合的：

---

① 罗马的一天从日出开始。——作者注

“西庇阿加入了战斗，但也采取了所有可能的预防措施来保护自身的安全。他有三个手持大盾的人随侍在旁，掩护他面向城墙那一侧，为他提供防卫……这样，西庇阿可以看清局势，也让看到 34
自己的战士们受到巨大的鼓舞，如此交战中不会忽略任何关键时刻。一旦情况有了变化，他便能立即采取必要的应对措施。”

在现代战争中，没有什么比指挥官个人观察和控制能力的缺失更不利于做出决策了。从现代科学的角度来看，西庇阿的方法可能是弥补这一缺陷的一种途径。也许未来的指挥官将乘坐一架飞机上天，受由战斗机组成的巡航机群保护，并通过无线电话与他的下属交流。①

西庇阿已经达成了他的第一目标——消耗敌人，并防止迦太基军队进一步的突袭干扰他的计划，为后继决定性的动作做铺垫。为实现这一步，他只能等待潮水退去，其实这一设想很久前在塔拉科的时候就构思出来了，在那里，他通过询问了解卡塔赫纳情况的渔民得知，在低水位时，潟湖可以涉水而过。

为了这一计划，西庇阿在潟湖边集结了五百名携带云梯的战 35
士。与此同时，他还向地峡方向派去援兵和云梯，其数量之充足，可确保在下一次正面进攻中“整面城墙都被攀登者覆盖”——一个现代的战争谋略公理，即“牵制性”攻击（“fixing” attack）应该尽可能保证打击面宽，这样可以分散敌人的注意力，阻止其转

① 作者在 20 世纪 20 年代的设想现在已成为现实。

向来自其他方向的决定性打击。西庇阿发动地面攻势的同时海军也上岸攻击，当战斗趋于白热化时，“海水开始退潮，从潟湖的边缘逐渐消退，一股水流急湍深邃，涌过海峡，迅速流往其他区域；对于那些不熟悉这一景象的人而言，这看起来不可思议。而西庇阿已经让他的向导准备好，命令所有执行任务的人不要畏惧，踏入水中。而当他向部队发出吁求时，他的确拥有灌输信心、传递热忱给他的手下的特殊天赋。现在，当他们遵循命令蹚过浅水时，整支军队都感到这是神的杰作……勇气倍增”（波里比阿）。对这一插曲，李维说：“西庇阿把这一发现归功于自已
36 的勤勉和洞察力，归功于众神和奇迹——海水改道、湖水退去，为罗马人开辟了一条人类从未涉足的通道。他命令士兵们跟随海神尼普顿的指引前进。”但有趣的是，在运用这一思路鼓舞士气时，他在实际操作中却让缺乏神圣意味的向导来指路。五百人轻而易举地渡过了潟湖，抵达城下，没有遭遇抵抗就登上了城墙，因为所有的敌军“都在支援危险地带”。“罗马人一旦占领城墙，便立即沿城墙推进，肃清上面的敌人。”他们显然被灌输了一个原则，那就是突破必须迅速拓宽而非一味深入——在 1914～1918 年战争①中，这一原则是在罗斯②和其他地方领受惨痛的教训后才学到的。接着他们向陆地一侧的城门聚拢，发动攻势，在背后

① 指第一次世界大战。

② 罗斯（Loos）在法国境内，1915 年 5 月，协约国英法军队在此向德军发动进攻，但夺占部分地段后未能扩大战果，被德军反击所阻。

突袭守军，制服了抵抗者，为主力部队的进攻开辟了道路。城墙被占领后，西庇阿立即扩大战果，当已攀上城墙的人开始按惯例屠杀居民时，西庇阿自己却小心翼翼地指挥那些从城门进入的部队保持整齐的队形，并率领他们去攻打卫城。这时，马戈意识到 37
“整个城市无疑已被占领”，便举手投降了。

如果说对城镇居民的屠杀不符合现代观念，但在当时和此后许多个世纪里，这是一种习俗，对罗马人来说，这是有意为之，旨在提高士气，而不是单纯屠戮。对平民——敌对意志的中心——的直接打击行为，或许会因航空器具备的潜力而重现，它可以飞越武装部队构成的敌国防御盾牌。[1] 如果军事上可行，这样的做法是合乎逻辑的，冷酷的逻辑通常会在生死斗争中压倒人的情感。

有证据表明西庇阿的军队的纪律是以卫城投降为信号停止屠杀的，此后只能进行掠夺。尽管对现代人来说，屠杀很难被原谅，但在古代，屠杀是一种常见的军事手段，而军事行动的展开也不会被掠夺、收集“战利品”这些个人行为所影响；就算在今天，这种毫无纪律的冲动行为也导致了不少战局的变化。

此外，一旦最初的残忍达到了摧毁市民反抗意志的目的，屠杀在一定程度上便会被西庇阿对战败者的慷慨，或者可以说外交 38

① 考虑到战略空袭在作者所处的时代还不常见，这里单独进行了强调。

行为所抵消。在一万名男囚中，西庇阿释放了所有新迦太基城的居民，并归还他们财产。他宣布两千名工匠为罗马国有，但答应在战争结束后释放他们，只要他们“在工作中表现出善意和勤勉”。其余人中的强悍者被选去海上服役，管理被捕获的船只，以扩大舰队规模，这些人也得到承诺，他们在最终打败迦太基之后将获得自由。在马戈和其他迦太基首领面前，西庇阿是一位有骑士风度的胜利者，他命令莱利乌斯给予他们应有的关照，直至他们后来被作为实实在在获胜的证据，押送至罗马，以重振罗马人的精神，并引导他们加倍努力地支持自己。最终，西庇阿因对西班牙人质的仁慈而为自己赢得了新盟友——他将人质送回了他们的家园，而非让他们被逼无奈，作为抵押品被关押起来。

李维和波里比阿所讲述的两件事，使西庇阿的性格更加鲜明，并且使他作为伟大征服者中最富有人情味、最有远见的人的声誉有增无减。“一名女俘是伊列尔盖特人（the Ilergetes）酋长
39 安多巴勒斯（Andobales）的兄弟曼多尼乌斯（Mandonius）的妻子，当时她含着眼泪伏在他的脚下，请求能获得比在迦太基人治下更好的待遇，西庇阿为之动容，问她她们需要什么……她没有回答，西庇阿就委派官员侍奉她。官员们保证会竭尽所能地提供她们所需要的一切，但这名女子再一次乞求，西庇阿大为困惑，猜测官员们玩忽职守，进行了虚假的陈述，他让她打起精神来，说会派其他侍者照料她，保证她们什么都不缺。老妇人犹豫了一会儿后说：‘将军，如果你认为我们现在是向你乞求食物，那

你就误解我了。’西庇阿后来懂了她的意思，并注意到了安多巴
勒斯的女儿们和其他贵族年轻貌美，明白了老妇人是如何用只言
片语说出其所面临的险境的，不由掉下了眼泪。于是西庇阿明确
告知她，自己已全然知晓情况，他握着老妇人的手，请她和其他
人振作起来，因为他会像照顾自己的姐妹与孩子一样对待她们， 40
而且会指派可靠的人来侍奉她们”（波里比阿）。

第二件事，正如波里比阿所述：“一些年轻的罗马人偶遇了
一位如花似玉的美人，想到西庇阿喜好女色，就把她带到西庇阿
那里……他们想把这位少女作为礼物献上。西庇阿为她的美貌所
惊艳和折服，告诉他们，倘若自己只是一介平民，没有比这更受
欢迎的礼物了；但身为统帅，这可是最不合适的……因此他谢过
这些年轻人，叫来美人的父亲，把女儿交还他，吩咐他赶快把女
儿嫁给他看重的人。西庇阿这次展现出的自律和节制为他赢得了
军队的高度认可。”李维的描述更加具体，说此女之前已和凯尔
特人年轻酋长阿路奇乌斯（Allucius）订婚，这位酋长极度醉心
于她。西庇阿听闻此事，将她送还未婚夫，酋长的父母为表谢
意，向西庇阿呈上贡品，而西庇阿把这些馈赠当作结婚礼物给了
阿路奇乌斯。这种友善而机智的举止不仅使他在西班牙部落中广
受赞誉，还使他获得了更切实的支持，数天之后，阿路奇乌斯率 41
领一千四百名骑兵归来，加入西庇阿的军队。

他的慷慨和智慧在自己的军队里同样引人注目。战利品要严
谨地根据罗马惯例来分配，确保所有的都为集体所有。此外，他

事先已巧妙地运用各种手段来激励他们，现在又知晓颂扬战功和按功封赏对士气的影响。他在确保胜利方面做得更好，以防止任何意外的失败或敌人的反击。在占领这座城市的当天，西庇阿率领军队返回了营地，留下莱利乌斯带领的舰队保卫城市。休息了一天后，他开始了一系列军事训练，使军团保持良好状态。第一天，士兵全副武装跑两程三英里半的路，军团进行各种演习；第二天，擦亮、修理和检查武器装备；第三天，养精蓄锐；第四天，进行持械训练，“有些人用剑尖以皮革包裹的木剑格斗，有些人练习投掷标枪，标枪头部也被包裹起来”；从第五天起重复
42 以上演练。在卡塔赫纳逗留期间，全军一直保持这样的状态。“桨手和舰载士卒在风平浪静的时候出海，在模拟海战中演习操纵船只。”“将军四处巡视，给予所有作业同样的关注。他时而和舰队在船坞里忙碌，时而与军团士兵一起训练；有时他会致力于视察工作——每天都有大量工匠在工坊、军械厂和码头热火朝天地劳动”（李维）。

城墙被修好后，西庇阿留下兵力足够的分遣队守卫城市，自己带着部队与舰队前往塔拉科。

总结首次统领军团的杰出功绩，首先要归于选择卡塔赫纳作为目标的战略远见和决断力。那些以消灭敌人武装力量为战争首要目标的人，忘记了消灭敌人的武装力量只是走向结局的途径，而战争的真正目的是让敌人屈服。在很多情况下这是唯一高枕无忧的方法。但有时可能有机会对敌人大本营进行直接、确定的

打击，西庇阿的这一妙招就是个例子，这种选择和价值值得今天 43
研究战争的学者深思。

在战术方面，这一战例完美地融合了出其不意和稳扎稳打的原则。首先，他在每一次进攻中都避免了可能的干扰或灾祸。其次，他在决策之前和决策期间都牵制着敌人。攻击一个拥有行动自由的敌人要冒扑空和力量失衡的危险。碰运气的话，最小的挫败也可能会打乱整个计划。然而，在战争中，甚至在和平时期的军事演习里，指挥官往往一开始提出一些表面上很成功的策略，结果却发现自己的致命一击扑了个空，敌人早已脱身而去，因为攻击者忘记了“牵制”的必要性。“牵制加上决定性行动”的战术准则，说到底也就是一句谚语——“勿谋之过早”。然而，说起来容易做起来难。不过西庇阿的优点之一，就是他在执行这一准则时，对时间因素的绝妙把控。

第四章

巴埃库拉之战

44 拿下卡塔赫纳让西庇阿在战略上占得先机，但这与掌握进攻主动权还有天壤之别。在人数还处于明显劣势时去攻击迦太基野战军，将会失去这一优势，且会危及现有所得。不过迦太基人的任何行动都在西庇阿的掌控之中。若试图收复卡塔赫纳——这座固若金汤的城池在守军兵力充足和防守者掌控制海权时更显坚不可摧——西庇阿会用主力攻击他们的侧翼。如果对方直接向西庇阿攻来，他就拥有选择阵地的优势，而且卡塔赫纳还可以威胁敌人的后方，因为拥有制海权的西庇阿可以将军队调往那里。假如他们被动等待，这种
45 无所作为将让他们面对失去大本营、补给站，以及与迦太基联系的交通线的不利局面。对西庇阿而言，这再好不过，因为这一间歇将让新迦太基城的陷落极大影响西班牙人的士气，也让他有时间赢得新的盟友来弥补人数的不足。最终的结果证明了他的计算是对的，因为在接下来的那个冬天，埃德科（Edeco）、安多巴勒斯和曼多尼乌斯这三个西班牙最有权势的酋长加入了他这一方，大多数伊比利亚部落也纷纷效仿他们。正如波里比阿所说：“能打胜仗的人比懂得利用战果的人多得多。”西庇阿较之其他伟大的统帅，似乎更深刻地意识到一个真理，即胜利的果实就是往后多年的和平。尽管有《凡尔赛和约》的教训，这一点即使在今天也很难实现。

结果，面对平衡被打破，哈斯德鲁巴·巴卡觉得只能采取攻
势。获得增援的西庇阿接受这一挑战，因为这给了他在敌军会合
前将其逐个击破的机会。但他牢记审慎原则，进一步强化了自己
的力量，以防被迫同时应对多支敌军。他采用了一种巧妙的办
法，将手里的船只拖到塔拉科的岸上，把船员并入军队，这是可 46
行的，因为海上迦太基人的船只已遭扫荡，而他又要向内地进
军。西庇阿在扩大卡塔赫纳工坊的生产方面的远见，让他有充足
的武器储备来武装他们。

当哈斯德鲁巴还在准备时，西庇阿已先发制人。在他从冬营
出发时，安多巴勒斯和曼多尼乌斯带着他们的部队加入进来，西
庇阿将他们的女儿送还；显然，与在卡塔赫纳获得的其他人质不
同的是，她们很重要，因此被他留下了。次日，西庇阿与酋长们
签订条约，其中最关键的部分就是他们要服从罗马指挥官，并且
遵守命令。西庇阿显然明白统一指挥的重要性。哈斯德鲁巴的军
队驻守在卡斯塔隆（Castalon）地区，靠近巴埃库拉城，位于贝
提斯河（Bætis），即现今的瓜达尔基维尔河（Guadalquiver）的
上游。罗马人逼近时，哈斯德鲁巴将自己的军营转移到一个绝佳
的防守地点——一片面积小却地势高的台地，有足够的纵深可以
确保安全，宽度也足以部署军队，两个侧翼也很难被包抄，有一
条河保护着后方。此外，这一台地是分高低两阶的，哈斯德鲁巴 47
在较低的一阶上部署了他的轻装部队、努米底亚骑兵和巴利阿里
投石兵，而在较高的一阶上筑起了他的营地。

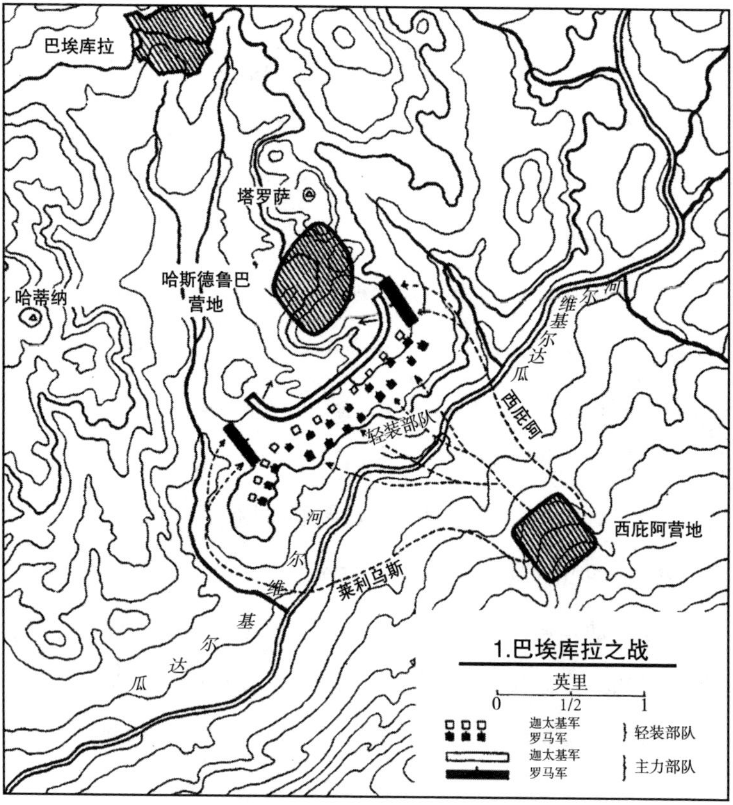
巴埃库拉
塔罗萨
哈斯德鲁巴营地
哈蒂纳
轻装部队
瓜达尔基维尔河
西庇阿
西庇阿营地
莱利乌斯
瓜达尔基维尔河
1.巴埃库拉之战
英里
0
1/2
1
迦太基军
罗马军
轻装部队
迦太基军
罗马军
主力部队

西庇阿一时不知该如何对付如此坚固的阵地，但他不敢等待，唯恐另两支迦太基军队出现，于是他想出了一个计划。他首先派出轻步兵和其他轻装部队攀上敌人的第一阶阵地，尽管山岩陡峭且箭石如雨，但作战意志、运用遮蔽物的技巧使得他们成功登顶。一站稳脚跟，更好的武器和近距格杀训练便使他们占了上风，压倒了那些接受投掷训练的投石兵——后者习惯在开阔地带进行边打边机动的战斗。这样，迦太基的轻装部队就在混乱中被驱逐至山脊更高处。

西庇阿军队剩余的士兵已在营地中准备就绪，“现在派出全部轻装部队去支援正面进攻”，此时，他将重装步兵分为两部分，他亲率一半包抄敌人左翼，剩下的由莱利乌斯带领，迂回至山脊的另一侧，直到找到一条好的上山路线。西庇阿带领的人绕的路更短，先攀上了山脊，由于自恃有地利，哈斯德鲁巴迟迟未 48
率主力出营。结果迦太基人在行进间遭遇夹击，尚未完成布阵时就已陷入困境，乱成一团，正在这时，莱利乌斯也率部队赶到了，向另一侧翼发起攻击。需要一提的是，李维与波里比阿的记载相矛盾，李维说西庇阿带领的是左翼，而莱利乌斯认为是右翼，这一分歧明显是因为一人从攻方角度出发，而另一人从守方角度出发。

波里比阿说，哈斯德鲁巴原本打算如果遭遇失败就退向高卢，然后在尽可能多地招募当地土著后，到意大利与他的兄弟汉尼拔会合。无论是猜测还是事实，哈斯德鲁巴一意识到战斗失利，就尽可能多地召集残兵败将，带着他的财富与战象匆忙逃离这座山，沿着塔古斯河（River Tagus）逆流而上，向比利牛斯山方向逃跑。但是，西庇阿更有先见之明，对其实施了双重包围，他事先派遣两个大队（cohort）堵住了迦太基军队的两条主要撤退路线，兜住了迦太基军队的主力。迦太基军队八千人被杀，一万两
49 千人被俘。西庇阿将阿非利加俘虏贩卖为奴，却把西班牙战俘遣送回家乡，并且不收赎金，这再次彰显了他的政治智慧。

波里比阿写道："西庇阿认为尾随哈斯德鲁巴并不明智，因为他担心遭到其他军队的攻击。"对于一名军事评论家来说，这个理由是令人信服的。存在两支实力在己之上的敌军，且两者可以集中起来对付他或切断他与大本营的联系，如此情况下深入山区追击就太莽撞了。那些身为普通民众的历史学家批评西庇阿放任哈斯德鲁巴离开西班牙进入意大利，去进行他注定不幸的加入汉尼拔的尝试，但从军事角度的简单陈述就足以回击这一指责。[1] 有趣的是，哈斯德鲁巴前往意大利的路线和威灵顿公爵在维托里亚战役[2]后走的路线是同一条，即一路沿着西班牙北部海岸线前进，经由现代圣塞巴斯蒂安（San Sebastian）和比利牛斯山脉延伸至海平面的西部隘口。

---

① 哈斯德鲁巴在试图与汉尼拔会合时被罗马执政官尼禄率部击败，哈斯德鲁巴阵亡，直到他的首级被抛入汉尼拔军中，汉尼拔才知晓兄弟的命运。

② 维托里亚战役（Battle of Vittoria）是 1813 年 6 月 13 日在西班牙北部的一场关键性战役。由威灵顿公爵率领的英、葡、西联军彻底击败了法军，最终使长达六年的半岛战争结束。

西庇阿的大本营位于东海岸，假设他转入防御就可以封锁这
条通道的想法是荒谬的。西线的通道有很多，哈斯德鲁巴从其中
的一处溜走时，其他任何一支迦太基军队都能够牵制住西庇阿。
或者，如果西庇阿试图穿越如此遥远的荒野和山区，那么不仅会
使他的基地暴露，还会招致灾难。正是由于西庇阿在巴埃库拉采 50
取攻势并获胜，哈斯德鲁巴不得不在高卢招募和重整军队，他延
误了两年才大规模进军——对迦太基的事业而言，这是致命的。

像在卡塔赫纳，巴埃库拉之战后，两个事件展示了西庇阿的
品行。第一，西班牙的盟友，无论是老搭档还是新伙伴，都尊他
为“国王”。埃德科和安多巴勒斯在和他一起出征时就是这么做
的，当时西庇阿不以为意，但当这个头衔流传开来时，西庇阿采
取了行动。他召集会议，“告诉他们，他愿被他们视为‘如国王
一般’，而他的确也像国王般行事，但他不想当国王，也不希望任
何人这样称呼他，然后他要求他们称他为将军”（波里比阿）。关
于此事，李维用了另一种说法，他补充道：“甚至蛮夷都意识到了
西庇阿的心灵之伟大，他崇高到可以轻视这个称呼，其他人都被
这种伟大震撼。”这无疑最清晰地展现了西庇阿的精神境界——这
位年轻的征服者在胜利初期的狂喜中，仍能保持如此的自律，心
态也未失衡。且不说个人成就，仅以品格来衡量，西庇阿也被认 51
为是罗马式美德的最高体现，希腊文化提高了他的品位，开阔了
他的视野，但同时，他没有沾染后者任何的堕落倾向。

无论是仅仅出于他个人敏锐的洞察力，还是对其国家而言无

价的外交远见，第二件事都具有重要的意义。贩卖阿非利加战俘的财务官碰到一个俊俏的男孩，得知他有王室血脉，便把他送到西庇阿那里。在回答西庇阿的问题时，男孩称他是努米底亚人，名叫马西瓦（Massiva），是和他的叔父马西尼萨（Masinissa）一起来到西班牙的，马西尼萨招募了一支骑兵部队来帮助迦太基人。他叔父认为他还太小，不能参加战斗，但他没听叔父的话，“偷了马匹和武器，在叔父不知情的情况下上了战场，结果马失前蹄，当了俘虏”。西庇阿询问他是否想返回马西尼萨身边，男孩高兴得流下了眼泪，西庇阿为他准备了“金戒指、紫边马甲、西班牙式的金扣斗篷和一匹全副武装的战马，然后将其释放，下令一群骑兵护送男孩去他想去的地方”。

52 西庇阿随后回到自己的大本营，并用夏季剩下的时间来与大多数西班牙城市结盟，以利用这次胜利带来的影响。他没有尾随哈斯德鲁巴，这是明智的，因为在巴埃库拉之战几天后，吉斯戈之子哈斯德鲁巴和马戈就来与哈斯德鲁巴·巴卡合营了。这次援军到得太迟，没法挽救后者的败局，却促成了一次决定他们未来规划的会议。意识到西庇阿通过其外交手段和军事胜利获得了几乎整个西班牙的支持，他们决定，马戈应把军队交给哈斯德鲁巴·巴卡，并去巴利阿里群岛招募新的辅助部队；哈斯德鲁巴·巴卡应该在剩余的西班牙部队土崩瓦解前尽快进入高卢，然后进军意大利；吉斯戈之子哈斯德鲁巴要撤到卢西塔尼亚靠近加迪斯（Gades）——现今的加的斯（Cadiz）——的偏远地区，只有在那里，迦太基人才有希望得到西班牙人的援助。最后，马西尼萨和他率领的三千名骑兵被委以巡回作战的任务，他的目标就是反复袭击和蹂躏罗马人及其西班牙盟友的土地。

这些事件的具体时间有些难以确定，但是巴埃库拉的胜利似乎发生在公元前 208 年。次年，西庇阿对西班牙的控制面临新的 53
威胁。迦太基派出了新的将领汉诺（Hanno），他带来了一支生力军，取代了哈斯德鲁巴·巴卡。马戈也从巴利阿里群岛返回，在武装了从凯尔特伊比利亚（Celtiberia，凯尔特伊比利亚包含现代阿拉贡和旧卡斯蒂利亚的部分地区）征来的当地士卒后，他与汉诺合营。威胁不只来自一个方向，吉斯戈之子哈斯德鲁巴从加迪斯行军到贝提卡（Baetica，安达卢西亚）。如果西庇阿进入内线与汉诺、马戈交战，哈斯德鲁巴可能会攻入其后方。因此，西庇阿派遣他的副将西拉努斯率领一万名步兵、五百名骑兵去攻击前者，而他自己则监视和防备哈斯德鲁巴。

西拉努斯行军神速，尽管路途崎岖、丛林密布，却在迦太基人未接到任何信使通报甚至传闻预警前就已兵临城下。出其不意的优势弥补了其数量上的劣势，他首先压向凯尔特伊比利亚人的营地。因为未设正规的岗哨和卫兵，在迦太基军队赶来援助前，凯尔特伊比利亚人就被击溃了。马戈带着几乎所有的骑兵和两千名步兵在战局已定时逃离战场，向加迪斯行省撤退。但是，汉诺 54
和那些在胜负已定时抵达战场的迦太基士兵被俘，从凯尔特伊比利亚征来的士兵被彻底打垮，其他部落仿效他们加入迦太基一方的危险被扼杀在萌芽之中。

西庇阿对西拉努斯不吝赞美之词，这反映了他的个性。这样一来，向南推进时其侧翼的安全得以确保，他向哈斯德鲁巴进军，后者忙不迭地狼狈后撤，而且为了避免集结引来西庇阿的注意，他解散了部队，将其分派至各设防城镇驻守。

看到敌人陷入被动防守，西庇阿判定，进行一系列小规模围城战毫无意义，这样做很可能会在没有足够优势的情况下耗尽自己的力量。但他仍派哥哥卢基乌斯去攻打一个叫奥瑞克斯（Orinx）的城镇，这里是哈斯德鲁巴攻击内陆诸城邦的战略枢纽。卢基乌斯成功地完成了这项任务，而西庇阿的天性再一次彰
55 显出来：他极尽褒奖之辞地赞扬哥哥，说占领奥瑞克斯与他攻克卡塔赫纳的功绩同等重要。冬天即将来临，西庇阿把军团派往可以过冬的地方，让他的哥哥将汉诺和其他重要战俘一起送往罗马。

第五章
伊利帕之战

公元前206年春，迦太基军队做出最后一搏。哈斯德鲁巴· 56
吉斯戈在马戈（汉尼拔的弟弟）的鼓励下，招募并武装了新征来的士兵，编成有七万名步兵、四千名骑兵和三十二头战象的部队，向北进军，来到了离今天的塞维利亚不远的伊利帕（或称西尔皮亚）。西庇阿率军从塔拉科向南进发，迎战迦太基军队，在途中的巴埃库拉征召辅助部队。当临近贝提斯河时，他已得知更加全面的敌军情况，意识到这场战役的严峻性。西庇阿确信，仅凭自己的罗马军团无法抗衡庞大的敌军，若过度依赖盟军，寄希望于他们，那是重蹈自己父亲和叔父的覆辙（他们就死于盟友的突然背叛）。因此，西庇阿决定利用盟友，借助他们虚张声势，以威慑敌军并误导他们，而把主要的战斗任务留给自己的军 57
团。他很清楚，明智的做法是不依赖自己的西班牙盟军，两千多年后的威灵顿亦是如此。在摩洛哥的法国人也重新认识到了这一点。① 他率领一支由罗马人和盟军组成的有四万五千名步兵和三千名骑兵的军队向伊利帕行进，发现了迦太基军队，并在他们对面的一些小山丘上扎营。值得注意的是，一旦他获胜，其行军路

① 此处指摩洛哥危机。1912年，法国迫使摩洛哥签订《非斯条约》，与西班牙瓜分了摩洛哥。摩洛哥军民发动起义，西班牙军队在镇压行动中表现不佳。

线就可以阻断敌军逃往加迪斯最近的道路，这条路沿着贝提斯河南岸伸展。

马戈认为这是一个突袭以制造混乱的绝佳机会，他率领自己的大部分骑兵和马西尼萨指挥的努米底亚骑兵前去攻击筑营的罗马人。可惜，西庇阿像以往一样贯彻审慎原则，他预见到这种可能性，并派本方骑兵在一座小山的隐蔽处做好准备。他们从侧翼向迦太基骑兵的先头部队发起冲锋，使之陷入混乱，虽然前来增援的预备队暂时稳住了局面，但从营地涌出的罗马军团主力终结
58 了这一切。起初，迦太基军队有序地后退，但随着追兵攻势的加强，迦太基军队终于溃散，逃回营地寻求庇护。这为西庇阿赢得了初步的心理优势。

敌对双方在两个低矮山脊之间的山谷中对垒。一连几天，哈斯德鲁巴都先出兵挑战。每次西庇阿都是等到对方开始行动才跟着出营列阵。双方都没有发动进攻，日落时分，两军都疲惫不堪，退回各自的营地——迦太基军队总是开这个头。从结果反推，毫无疑问，西庇阿的拖延有特殊的动机。每一次罗马军团都被部署在罗马方的中心位置，面对迦太基人和来自阿非利加的正规军，双方的两翼都是来自西班牙部落的盟军。这一战斗阵形已被全军上下认为是不会变的，西庇阿一直等到这种想法变得根深蒂固。

然后，西庇阿采取了行动。他观察到迦太基军队每天很晚的时候才出兵，所以就故意等到更晚一些，使这一模式在敌人脑中固化。行动日前夜，西庇阿向全军发出命令，要求士兵们在天亮

前准备好食物和武器，骑兵要给战马配鞍。接着，天蒙蒙亮的时 59
候，他便派遣骑兵和轻装部队袭击敌人的前哨，他自己则率领军
团跟在后面。这是第一个出人意料的变化，其结果是迦太基军队
被罗马骑兵和轻装部队打了个措手不及，不得不饭都没吃上就开
始武装起来，随即便出动了。这进一步确保了哈斯德鲁巴没有时
间变更平时的阵形，即使他有这种想法。第二个意外就是，西庇
阿改变了之前的排兵布阵，将西班牙军部署在中间，罗马军团则
放在两翼。

罗马军队的步兵好几个小时都没有前进的意图，这是因为西
庇阿想让没吃早餐的饥饿对手愈发饥肠辘辘。如此一来，就不会
有其他猝然变化的风险，因为一旦做好了战斗准备，迦太基军队
就不敢在一个警惕且已就绪的对手面前改变阵形。双方骑兵和轻
装部队之间的小冲突仍然没有结果，一旦被逼迫紧了便逃到本方
步兵身后寻求庇护。最终，在认为时机成熟时，西庇阿吹响了撤
退的号角，让他的轻装部队从各个队列的间隙中撤离，把他们部 60
署在两翼的后侧做预备队，形成轻步兵在重装步兵后方、在骑兵
前方的阵形。

大约在第七时辰，西庇阿命令战线全体前进，但是位于中间的西班牙盟军速度很慢。在到达离敌人不到八百码的地方，西庇阿率领右翼向右转，随后向左迂回，以连续的步兵大队组成纵队向外侧展开，斜向推进。他事先已派出信使通知了西拉努斯和马尔西乌斯，要以相同的策略指挥左翼。两翼的快速推进，让缓慢

前行的中军形成明显的凹型。罗马步兵大队在接近敌方时，相继向内回旋列阵，直冲敌方侧翼——若非这一机动，敌军的两翼本可包抄他们。当重装步兵压迫敌人两翼的正面时，骑兵和轻步兵有序地向外侧迂回，纵向扫荡敌人侧翼。这种对两翼的向心打击，迫使防御者不得不同时面对来自两个方向的进攻，伤亡惨
61 重，而打击落在西班牙非正规军身上更使其效果倍增。骑兵在侧面的攻势让象群惊恐万状，发狂似的冲向迦太基军队的中央地带，进一步加剧了哈斯德鲁巴的困境。

迦太基中军无助地呆立着，因惧怕西庇阿麾下西班牙盟军的袭扰而不敢支援两翼——后者虽保持距离却始终构成威胁。西庇阿的谋划使他能用最少的兵力牵制中部敌军，因此也就能集中最大力量来实施关键的双重包围。

哈斯德鲁巴的两侧翼被消灭后，剩余的中央部分也因饥饿和疲劳耗尽了元气而撤退，他们一开始秩序良好，但后来在高压下逐渐崩溃，逃回宿营地。一场倾盆大雨使得士兵们脚下的土地被踩成泥淖，这给了他们些许喘息的机会，也阻止了罗马人蹑踪而至袭击军营。夜间，哈斯德鲁巴从其营地撤离，但由于西庇阿的攻击策略，罗马人已切断了他们撤到加迪斯的路线，他被迫沿西岸向大西洋撤退。几乎所有的西班牙盟军都弃他而去。

显然，西庇阿的轻装部队职责明确，时刻关注敌人的动态，
62 因为哈斯德鲁巴刚动身西庇阿就知悉了。他立即派骑兵前去追击，速度极快，尽管在试图抄近路切断哈斯德鲁巴新的撤退路

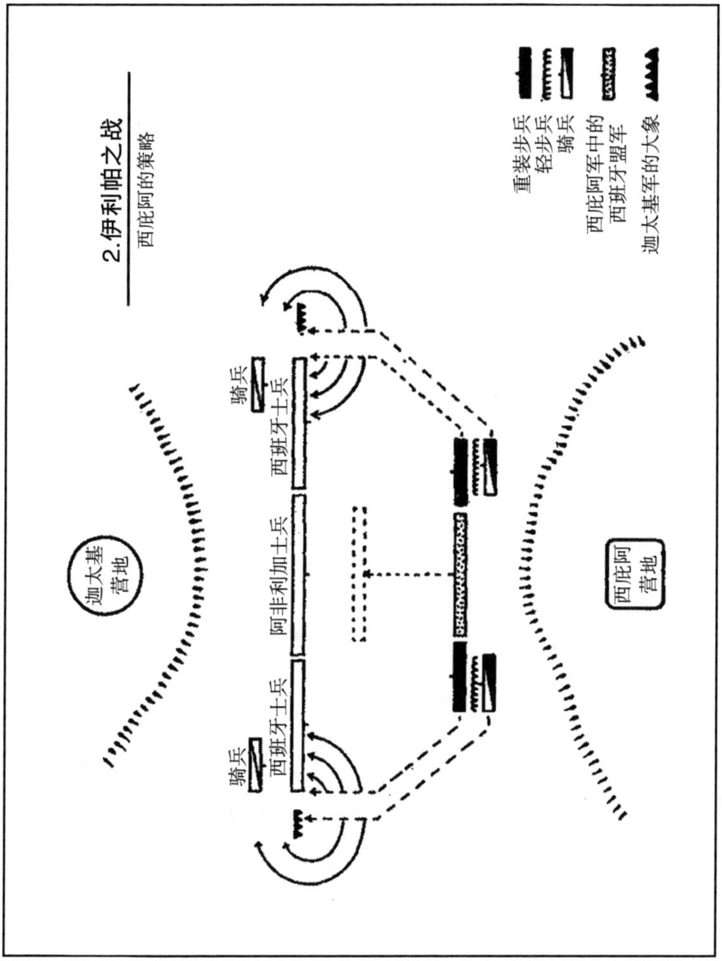
2.伊利帕之战
西庇阿的策略
重装步兵
轻步兵
骑兵
西庇阿军中的西班牙盟军
迦太基军的大象
迦太基营地
骑兵
西班牙士兵
阿非利加士兵
西班牙士兵
骑兵
西庇阿营地

线时被向导误导，但骑兵和轻步兵还是追上了敌人。他们不断地骚扰，从侧翼或后方攻击迦太基军队，迫使其频繁地停下来，以使得罗马军团能赶上来。“这之后再也没有战斗，而是开始了一场屠杀，就像宰杀牲口一样”，直至哈斯德鲁巴和六千名残兵败将逃至邻近的山丘，在伊利帕作战的七万多士卒只剩这点人了。迦太基军队匆忙地在制高点安营扎寨，虽然那里难以接近阻碍了攻击，但粮食短缺导致逃兵源源不断。最终，哈斯德鲁巴趁夜色离开了部队，来到不远处的海边，搭船去了加迪斯。不久，马戈也追随他而去。

西庇阿随即给西拉努斯留下兵力，等待对方必然而来的投降，自己返回了塔拉科。

在军事史上，伊利帕之战是最能体现为将之道的经典战例。它是罕见的以弱敌强的完胜，这一结果是对出其不意和集中兵力原则的完美运用，事实上，这堪称一个永恒的榜样。与西庇阿的
63 “双斜向机动包围”相比，普鲁士腓特烈大帝著名的斜线战术显得何其粗陋，前者牵制了中央的敌军，集中兵力以强击弱并实施毁灭性合围。他没给敌人变阵的机会，而腓特烈大帝在科林战役中未能做到这一点，结果损失惨重。① 尽管他的作战策略很高

① 科林战役（Battle of Kolin）发生于1757年6月18日，是七年战争中普鲁士与奥地利的一场战役，战场位于今捷克中部。普军原意是以右翼向奥军左翼佯攻，借此机会左翼主力试图包抄奥军右翼，但腓特烈大帝这招战术古板，被奥军识破，加上普军在进行包抄时失误，未能深入敌后，这导致其冲击的是早有准备的奥军主力，普军因而败北。

明，但也许更引人注目的是他果断、迅猛的扩张战果，这在军事史上是无与伦比的，直至拿破仑把追击发展为战役的重要补充，并将之作为对统帅能力的终极考验之一。面对西庇阿，没有哪个骑兵将领会像马哈拔①那样向汉尼拔抱怨，不管这一抱怨是否公正：“汉尼拔，你确实知道如何赢得胜利，但你不知道如何利用胜利！”②

但对西庇阿来说，他并不满足于到手的胜利，他在战略上的扩张意识和在战术上的一样是与生俱来的。他已经展望未来，将目光投向阿非利加。就像之前看出卡塔赫纳是西班牙局势的关键，西班牙是意大利局势的关键一样，他认为阿非利加是整场战争的关键。攻打阿非利加不仅会使意大利摆脱汉尼拔带来的长期威胁——这一威胁他已通过使汉尼拔的后备资源基
地陷入瘫痪来加以削弱，也能破坏迦太基政权的基础，直至它 64
坍塌、毁灭。

对前来祝贺、劝他放松一下的朋友，西庇阿回应道：“他现在必须考虑该如何发动对迦太基的战争；到目前为止，迦太基人的战场一直在罗马，但现在命运给了罗马人一个在迦太基人的土地上开战的绝佳机会。”

虽然还需要一段时间才能让罗马元老院采纳他的策略，但他已经着手准备了。在伊利帕战败后，马西尼萨投靠了罗马军队，

① 马哈拔（Maharbal，生卒年不详），汉尼拔手下优秀的骑兵指挥官。

② 马哈拔在坎尼战役大获全胜后建议立即进攻罗马，但遭汉尼拔拒绝。

并被派往阿非利加，去劝诱努米底亚人投至他麾下。随后，西庇阿派莱利乌斯前往西法克斯（Syphax）处打探消息，后者是马塞西利亚人（Massaesylians）的国王，其控制的地域包含今阿尔及利亚的大部分地区。西法克斯虽然表示愿意与迦太基决裂，但他拒绝批准任何条约，除非西庇阿亲自过来签署。

尽管有安全通行的承诺，但这一远行依旧有很大风险。那时候还谈不上有什么外交豁免权，使节可能会有大麻烦，而且常常遭遇足以让最坚定的人胆寒的命运。更危险的是，这位特使是一
65 位罗马常胜的统帅，他的存在对迦太基及其盟友而言是日益增长的威胁，现在却要远离自己的军队，前往一个可疑的中立国。然而，西庇阿在权衡利弊后认为，赢得西法克斯是推进他策略的必要步骤。在为保卫西班牙做出必要的部署之后，西庇阿带领两艘五层桨船从卡塔赫纳出发。事实证明，风险比他预计的还要大。甚至可以说，一阵风决定了世界古代史。当西庇阿抵达港口时，恰逢被逐出西班牙的哈斯德鲁巴正停泊于此，准备返回迦太基。哈斯德鲁巴带着七艘三列桨舰，他看到有船在靠近，而且明显是罗马的船，便急忙备好船只起航，打算在那两艘五列桨战舰进入中立港之前将其制服。不过在哈斯德鲁巴的舰队行动前，一股清新的微风帮助罗马船只进入了港口，而一旦西庇阿进港，迦太基军队就不敢来干涉了。

哈斯德鲁巴和西庇阿都在寻求西法克斯的帮助，西法克斯为其重要性得到认可而志得意满，他邀请双方一起来做客。在一番

踌躇之后，两者克服了重重顾虑，在西法克斯的桌子上共进晚餐。在如此微妙的情境下，西庇阿的个人魅力和外交天赋取得了 66
辉煌的成功。不仅西法克斯，就连哈斯德鲁巴都为他所折服，这个迦太基人公开承认：“西庇阿在私人交流中显示出的本领甚至比他在战场上的功绩更让人钦佩，毫无疑问，西法克斯和他的王国已被罗马人掌控了，此人拥有获得别人尊重的诀窍。”哈斯德鲁巴是真正的预言家，因为最终西庇阿让西法克斯接受条约，扬帆返航。

第六章 征服西班牙

67 西庇阿为他在阿非利加的战役耕耘了土地、播下了种子，可是现在还不是收获的时候。他首先要征服西班牙，并惩罚那些在老西庇阿兄弟辞世之后、半岛出现危机时背弃罗马的部落。老西庇阿的继承人是一位非常精明的外交家，在胜负未分之际并未过早显露意图。如今迦太基势力彻底崩塌，为了确保罗马政权未来的安全，这种背信弃义的行为必须得到惩罚。罪魁是伊鲁西（Illiturgis）和卡斯图洛（Castulo），这两座城市位于贝提斯河（瓜达尔基维尔河）上游的巴埃库拉战场附近。西庇阿派马尔西乌斯带领手下三分之一的兵力，去处理卡斯图洛城的问题，他自
68 己和剩余人马前去对付伊鲁西城。做贼心虚者警觉异常，西庇阿发现，伊鲁西城没等宣战就已做好万全的防御准备。于是他准备进攻。他将自己的军队分成两支，一部分由莱利乌斯指挥，以便“对城市两处同时发动攻击，触发双重警报”（李维）。这里我们再次注意到一个有趣的事实：西庇阿如何始终如一地实施分进合击，即将其部队分为独立行动的几支，以实现奇袭并压制敌人的防御，然后再联合打击一个目标。他对这种战术原则的掌握之透彻，与古代乃至现代战争中的此类战术之罕见形成了鲜明对比。不少指挥官要么因主攻目标分散，要么因牵制性进攻未能有效转

移敌军注意力和预备队，使整个作战计划宣告失败。

计划已定，西庇阿意识到士兵们对消灭叛乱分子缺乏热情，便着力激发他们同袍情谊——想想那些惨遭背叛的袍泽，来唤起他们的斗志。他提醒他们，这一复仇是有必要的，这比对抗迦太基军队更需要勇猛的战斗。“对于后者，与他们打仗是为了帝国和荣誉，鲜有愤恨；而如今他们必须对奸诈和残忍施加惩罚。” 69
这一鼓励是必要的，伊鲁西城的人们视死如归，不抱任何希望，只求死得其所，他们击退了一次又一次的进攻。事实上，正如西庇阿预见到的那样，先前所向披靡的军队“表现出有失尊严的动摇”。危急时刻，西庇阿就像在洛迪桥（Bridge of Lodi）上的拿破仑一样，毫不犹豫地拿自己的生命做赌注。① “他认为自己有责任亲自上阵，与士兵同甘苦共命运。他斥责士兵们的懦弱，命人把云梯再次搬上来，并扬言，因为其他人还在犹豫，所以他要亲自攀爬。”“他冒着巨大风险靠近城墙。注意到自己的统帅身处险境，周边的士兵都发出了呐喊，云梯一下子在几个地方同时竖了起来。”这次全新的冲击与莱利乌斯在别处的协同进攻扭转了局面，城墙被占领。在随之而来的混乱中，被视为坚不可摧的卫城一侧也遭攻陷。

---

① 1796年5月10日，在意大利米兰东南的洛迪，法军以猛烈的冲击大破奥地利军队，拿破仑不顾枪林弹雨，亲临一线指挥。拿破仑后来在圣赫勒拿岛上回忆这次战役时说：“洛迪战役后，我起了一个念头：在我们的政治舞台上，我可能成了一个起决定性作用的人物。第一簇功名心的火花在那时出现了。”

伊鲁西城的背叛遭到了报应，报复的方式是如此极端——城
70 中居民倒在剑下，整个城池被夷为平地。显然，西庇阿并未约束军队的暴行。然而，如他在扎马战役次日所表现的那样，对于堂堂正正的敌手，他会宽容相待。他在所有的行动中都设了伏笔，即便纵容对伊鲁西城的屠城之举也暗含深意。这一消息震慑了卡斯图洛城的守军，他们因为得到了迦太基残军的增援而更难以对付，但西班牙首领背弃了自己的盟友，私下里投降了。通过洗劫伊鲁西城实现了震慑目的后，卡斯图洛获得了相对宽大的处置。

随后，西庇阿派遣马尔西乌斯去夷平剩余的几个叛乱据点，自己返回卡塔赫纳向神灵献祭，并为纪念父亲与叔父举办了一场角斗表演。值得一提的是，无论是出于偶然，还是出于看起来更有可能的原因——西庇阿的品位，这一表演的性质不同于正常的角斗比赛。角斗士们不是注定要在“罗马人的节假日”里厮杀的奴隶或俘虏，他们都是自愿的，也没有报酬。他们要么是部落的代表，要么是急于向将军炫耀自己的勇武或是渴求荣耀的士
71 兵。他们不都是地位低贱的人，其中有几位杰出人物，所以卡塔赫纳的这场竞赛可以被认为是中世纪骑士比武的源头。也有一些人把它作为解决个人争端的一种手段，这在后来发展为决斗。

不久之后，一些逃兵从加迪斯到达卡塔赫纳，提出要把迦太基人在西班牙的最后一个据点献给西庇阿，马戈在此地集结了船只、从西班牙边远据点逃来的部队以及从海峡对面的阿非利加

海岸来的辅助军。对于西庇阿来说，这是一个不容错过的好机会，他立即派马尔西乌斯“带着轻装部队”，派莱利乌斯“率领七艘三列桨战船和一艘五列桨战船前去，以确保海陆协同行动”（李维）。以上描述不仅阐明了西庇阿对海陆联合作战之优势的把握——这在卡塔赫纳已经很明显了，其对“轻装部队”的特意提及还有着深层含义。从卡塔赫纳到加迪斯足有四百英里之遥。纯粹派遣轻装部队执行如此远距离机动——这堪称军事史上的里程碑——表明了西庇阿对时间要素的重视，更凸显其在战机稍纵即逝的战场环境下，对快速反应力量的运用智慧。

还有可能就是，西庇阿本打算跟着自己的部队出动，但这一 72
计划因他得了一场重病被打乱了。谣言变得夸张起来，说西庇阿快死了，这一谣言很快传遍各地，引发骚动——“盟邦有叛乱之心，军队也没有尽忠职守”。

曼多尼乌斯和安多巴勒斯产生了不满，是因为罗马军队在驱逐迦太基军队后没有主动离开，把土地让给原住民。于是他们掀起反叛，开始侵扰效忠于罗马联盟的部落的领土。历史上这种情况司空见惯，压迫者的消失让属国觉得保护者的存在令人厌烦。就此而言，曼多尼乌斯和安多巴勒斯不过是美国殖民者和现代埃及人[①]的先驱。没有比恩情更令人厌烦的纽带了。

---

① 19 世纪时埃及在英国的帮助下摆脱了奥斯曼帝国的统治，但其人民因不满自己的国家又成了英国的殖民地而爆发独立运动。

但是，由于在苏克罗（Sucro）的罗马军团内部也发生了兵变，形势变得更紧迫——苏克罗处于卡塔赫纳和塔拉科之间的交通要道上。众所周知，驻扎在交通线上的部队是最不可靠的，最容易产生不满和混乱。无所事事、没有战利品使得收入有限，加
73 上军饷拖欠，这些都加剧了事态。一开始，士兵们只是无视命令、玩忽职守，但很快就开始公开哗变，将护民官驱逐出军营，并听命于两个普通士兵——阿尔比乌斯（Albius）和阿特里乌斯（Atrius），他们是这次兵变的主谋。

叛乱者预料西庇阿之死会导致全面的混乱，这样一来，他们便可以闷声发大财，肆意掠夺和勒索。等西庇阿死亡的谣言被戳穿后，骚乱虽没有立即停止，但至少大大减弱了。在叛乱者情绪低落时，西庇阿派出的七位军事护民官来了。护民官们显然是收到了指示，采取了怀柔策略，询问他们的冤情而非对其加以责备，分组进行谈话而非召集大会演讲。搞大型集会的话，狂暴的情绪会压倒理性，并借此得到充分的宣泄。

波里比阿和李维明确地告诉我们，西庇阿经历过战争，但是没有处理过暴乱，因而感到非常焦虑和困惑。若果真如此，他的应对之策却未显端倪。无论是作为新手或事实上的宿将，他对形
74 势的掌控堪称将公正、机智与决断力完美融合的杰作。他派征税官去各城市征收军队的补给，并告知大家这是为了补上拖欠的军饷。然后他发布了一个公告，告知士兵应当到新迦太基城来领取军饷，可以根据他们的意愿，以团体或个人之名前来。同时，西

庇阿命令在新迦太基城的军队为进攻曼多尼乌斯和安多巴勒斯做好准备。顺便说一句，这些首领听说西庇阿确实还活着，就退回了自己的领地。因此，反叛者一方面感觉自己失去了潜在的盟友，另一方面由于有可能得到军饷，更重要的是军队的离去让他们受到鼓舞，便大胆地前往卡塔赫纳。不过，他们还是有所防备，以团体的形式前去。

七位调查过其冤情的护民官带着秘密指令接见了他们，找出了他们的主谋，并邀请他们去自己的住处用晚餐。叛变者在日落时分抵达卡塔赫纳，被军队准备出动的情景鼓舞，心中的怀疑也被盛情款待打消，他们受到的欢迎，就像他们是及时赶到，缓和了现有部队调离的压力。根据指示，这些人在黎明时分整装前来，但一到军营门口就被拦住，行囊也被丢到一边。接着，卫兵得令迅速封锁了营地的所有出口，留下的军队包围了反叛者。同 75
时，反叛者被召集开会，他们乐意服从是因为觉得营地甚至将军本人都在其控制之下。

先让他们感到惊恐的是将军精力充沛、十分健康，完全不是想象中病恹恹的样子。接着，在一阵令人不安的沉默后，西庇阿开始讲话，且全然无视自己身处险境，这让他们再度愕然。李维打算逐字逐句地记录他的言辞，在他的描写中，西庇阿的演讲术和演讲风格都堪称举世无双。波里比阿的记录则更加精简，也更加自然逼真，并以“西庇阿大致如此开场”作为引言。文学爱好者更喜欢李维的版本，但历史学家在考虑了年代和环境后，会更倾向于接受波里比阿的说法——它给出了整体的意思，而不是西庇阿的原话。

尽管存在这些疑问，我们还是要引用李维的话作为开场白，因为这些句子很生动，而且此类开场有可能被较为精确地记录下来。他说他不知道该如何称呼他们，然后说：“我能称背叛国家
76 的你们为同胞吗？或者称违抗将领的命令和权威、违背庄严誓言的你们为战士吗？可以把你们视为敌人吗？我承认从身躯、面容、服装和外表上来看，你们都是我的同胞，可你们的行为、表现和意图都是怀有敌意的。你们的所欲所求，与伊鲁西城和拉西塔尼（Lacetani，古代西班牙城市）一样吗？”接着，他表示不知道是怎样的不满和期望促使他们反叛。如果不满仅仅是针对他的疾病导致的军饷拖欠，这种危害国家的举动就合乎情理了吗？尤其是自从他上任以来，军饷一直全额支付。“确实，雇佣军反抗自己的雇主有时会被赦免，但对那些为自己、自己的妻子和孩子而战的人则不能宽恕。这就好像一个人因金钱问题被自己的父亲冤枉了，便拿起武器杀死给予自己生命的父亲”（波里比阿）。如果这不仅仅是因为不满，那么他们是想以通敌的方式得到更多的利益和战利品吗？倘若是这样，谁会是他们潜在的盟友？曼多尼乌斯和安多巴勒斯？他们居然相信这些反复摇摆的变节分子！
77 然后，他对叛军选出的无知又出身低贱的领导者嗤之以鼻，嘲笑他们的名字，称阿特里乌斯和阿尔比乌斯为“小黑鬼”和“小白鬼”，指出他们的荒谬和迷信。他残酷地提醒人们，在利基翁

（Rhegium）闹事的军团全体都被斩首了。但即便是这些人，他们也服从军事护民官的指挥。造反有成功的希望吗？即使西庇阿病死的谣言是真的，他们是否能想到，西拉努斯、莱利乌斯或西庇阿的兄弟这些久经沙场的将领，会不为罗马所受的侮辱复仇？

当西庇阿以雄辩粉碎叛军的自信并引发他们心中的恐惧时，
让叛军远离煽动哗变者并赢回其忠诚的道路便已铺就。他严肃的
语气变得温和起来，继续说道：“我用人所共知的理由——所有
的人都容易被误导，容易被利用，所以会像大海一样善变——为
你们向罗马和我本人求情。海洋本身对航海者是无害且安静的，
然而当它被风搅动时，就会变得像风一样，汹涌澎湃，而人群的
特性，似乎跟其碰巧拥有的头领或者谋划者的个性相同。”按李 78
维的说法，西庇阿还巧妙地将自己近期身体上的疾病和他们精神
上的疾病做了一个能使人产生共鸣的对比，他很准确地预测到这
能打动他们的心。“因此，在目前的情况下，我也……同意与你
们和解，赦免你们。但是我无法饶恕有罪的反叛煽动者，我决
定惩罚他们的罪行……”他话音刚落，环绕着集会的忠于他的
军队，用剑敲击盾牌，发出巨响，使反叛者惊惧不已；传令官叫
出被定罪的煽动者的名字；这些人犯被捆绑着，赤身裸体地被带
到与会大众面前，在众目睽睽之下被处决。时机恰到好处，计划
详尽周密，反叛分子被吓得束手无策，也不敢抗议。行刑完毕
后，大众得到了会被宽恕的保证，并重新向护民官宣誓效忠。西
庇阿以其特有的方式，让每个人在被点到名后拿到了其全部

军饷。

这一对严峻局势的巧妙处理，不禁使人想起 1917 年贝当平息军队哗变的方法[①]，这位伟大的法国人也许碰巧研究过苏克罗
79 的兵变？——它不仅将对待头目的严厉与平息不满的公正结合起来，还以流血最少的方式恢复了军队的士气。这才是真正的节省兵力，这意味着八千大军不再是在威胁之下服从命令的、心不甘情不愿的援军，而变成了忠实的支持者。

但镇压反叛只是恢复西庇阿病前局势的第一步。远征加迪斯失败了，主要原因是这一图谋被迦太基指挥官发现，内应被逮捕了。尽管获得了局部胜利，但莱利乌斯、马尔西乌斯发现加迪斯早有准备，不得不放弃原来的计划，返回卡塔赫纳。

西庇阿准备向西班牙叛乱者进军。十天后，他便抵达了埃布罗河，行程有整整三百英里，四天后他的营地已经在敌人的视线范围内搭建好了。在两军阵营之间有个环形山谷，为了“激起蛮夷的贪婪”，西庇阿往那儿赶了一些牲口，仅由轻装部队看管。同时，他安排莱利乌斯带领骑兵隐蔽在山坡后面。诱敌计划成功，当对方的轻装部队兴高采烈地出战时，莱利乌斯从隐蔽处
80 现身，部分骑兵从正面向西班牙人冲去，其余的绕到山脚处，切断了敌方回营的道路。这次挫败激怒了西班牙人，次日黎明时

① 1917 年 4 月，英法军队在西线开展春季攻势。因德军设防坚固，英法高层又指挥失误，战斗打响后，英法军队死伤惨重，进展甚微，这导致法军出现了短时间的哗变，基层士兵拒绝上前线送死。后贝当元帅采用多种方法安抚军心，整顿指挥，兵变才平息。

分，他们的军队出营列阵求战。

这正合西庇阿的心意，因为山谷狭窄，西班牙人只能老老实实地打近身混战，而这正是罗马军团的长项，肉搏战让他们占得先机，而对手更适应远距离交锋的山地战。而且，为了给骑兵腾出空间，他们不得不把三分之一的步兵留在后方山坡上，无法投入交战。

面对如此形势，西庇阿做出了应变。山谷狭窄，西班牙军队无法在步兵战线的侧翼部署他们的骑兵，因为步兵把空间占满了。见此状况，西庇阿意识到，本方步兵的两翼是安全的，便派遣莱利乌斯带领骑兵绕山而行，进行大范围的迂回。接着，他意识到，为确保这一行动达成，进行一次猛烈的牵制攻击是非常重要的，他便亲率步兵挺进山谷，由四个步兵大队领头——这是在狭窄的正面能有效部署的最大兵力了。如其所愿，这一强攻吸引了西班 81
牙军队的注意，他们没有发现罗马骑兵的行动，直至突袭开始，他们才听到骑兵攻击后方的喧嚣。因此，西班牙军队不得不进行两场独立的战斗，他们的骑兵不能支援步兵，步兵也不能配合骑兵，而自己后方的厮杀声让两者都心神不宁，因此每一场战斗都在士气上对另一场产生了负面影响。

西班牙步兵在狭窄的空间中遭到擅长近战的对手围攻，后者凭借纵深阵形能持续不断地发动攻势，最终被彻底击溃。西班牙骑兵被包围了，处于溃兵的压迫之下，此外，他们正面遭罗马步兵进攻，后方有罗马骑兵突袭，失去了机动性，被迫原地战斗。

他们进行了绝望的抵抗，战至最后一人。罗马军队损失了一千二百人，还有三千多人受伤，这足以证明战斗的激烈程度和西班牙人的抵抗力度。西班牙人中唯一幸存的是留在山上的三分之一的
82 轻装兵，他们袖手旁观，眼睁睁看着山谷里的悲剧发生。这些人和他们的首领及时逃走了。

这场决定性的胜利为西庇阿的西班牙战役画上了圆满的句号——这些战役虽长期被军事研究者忽视，却展现出对战略（当时战略思想尚未成形）——的深刻把握，以及战略与政策的密切联系。但最重要的是，这些战役可谓永垂不朽，因为它带来了丰硕的战术成果。军事史上几乎找不到类似的巧妙且鼓舞人心的作战策略，即使是汉尼拔的意大利战役也难以与之相比。如果说汉尼拔在意大利战场上的策略于不经意间启发了西庇阿，那么现在，学生甚至超越了老师。这种可能性也不会降低西庇阿的声望，因为战争艺术中的最高境界是天生的，不是后天习得的，所以从古至今，没有哪位将领能通过学习西庇阿的战例来获得胜利。尽管汉尼拔的计策非常精彩，但西庇阿较之更为灵活多变，算计得更周密，在三个方面都有明显的优势。不可否认，对要塞的攻击是汉尼拔的弱点；而对西庇阿来说，情况正相反，卡塔赫纳攻城战是历史上的一个里程碑。伊利帕之战后的追击行动标志
83 着战争艺术的新高度。同样，在对抗安多巴勒斯的最后交战中，那次隐蔽的大范围迂回也展现了战术层面的显著突破，明显超越了此前一直被视为战术技巧顶峰的小范围翼侧包抄。

西庇阿的军事座右铭似乎是“用兵之法，贵在不复”。但又有哪位将军能像他这样富于作战才能呢？除了他，大多数历史上的名将仅仅对军事艺术浅尝辄止，在他们的作战生涯中，能在战法上做出改变的只有一两个战例而已。更需铭记的是，除一次例外，西庇阿的胜利皆是打赢了一流的对手：不像亚历山大对付的是亚洲的土匪，不像恺撒面对的是游牧部落，也不像腓特烈与拿破仑那样，战胜的是衰败的军事体系中纸上谈兵的将军和老朽的学究。

对安多巴勒斯和曼多尼乌斯的胜利，不仅是他在西班牙军事生涯的巅峰，也标志着对该地区政治征服的完成。安多巴勒斯意识到进一步的抵抗是徒劳的，就果断地让自己的兄弟曼多尼乌斯无条件求和。我们可以想象，曼多尼乌斯一定对能得到的待遇和他自己的下场感到悲观。对这些反复摇摆的叛乱分子进行可怕的报复是很自然的，但西庇阿了解人性，自然也了解 84
西班牙人的本性。他的军事和政治地位现在是无可挑战的，复仇不能使之变得更好。然而，从另一方面来说，复仇只可能播下未来麻烦的种子，使幸存者变成怨气冲天的敌人，伺机再度反叛。虽然他并不指望他们会忠诚，但宽大处理或许是赢得忠诚的唯一途径。因此，在严斥曼多尼乌斯，并借他之口警示安多巴勒斯，彻底阐明其绝望处境与理应丧命的结局后，西庇阿给出了一个慷慨的和平条件，这在外交上是有远见的。为了表达对他们无所畏惧，他没有按惯例要求他们交出武器和所有财产，甚至没有索要人质，他说“万一他们要叛乱，他不会对无罪的人质进行报复，报复只针对叛乱者，惩罚的不是手无寸铁的人，而是全副武装的敌人”（李维）。这种政策的明智之处在于，从这个关键时刻起，西班牙就退出了布匿战争的舞台，无论是作为迦太基军队的招募和补给基地，或是扰乱西庇阿，使之无法专注于他的新目标——迦太基本身。诚然，叛乱时不时
85 发生，并且持续了几个世纪，第一次公开爆发是因为西班牙人蔑视接替西庇阿的将军们。但这些只是零星且间歇性的骚乱，仅限于山地部落，他们的嗜血宛如疟疾，时不时就会发作。

西庇阿在西班牙的任务已经完成。只有加迪斯作为迦太基势力的最后残余还在坚持。加迪斯作为一个孤岛要塞，只要防御者不背叛，这里就是无法攻取、坚不可摧的。一些历史学家认为，让马戈从加迪斯逃离是西庇阿的过错。然而，若比照当事双方的情况，会发现马戈很可能是奉迦太基的命令离开那里的，而西庇阿则忙于应付兵变和安多巴勒斯的叛乱等更为紧迫的威胁。况且马戈并非什么了不起的人物，即便他带着少量部队转战他处（这在军事上本就无法阻止），对整体战局也构不成实质性威胁。实际上，马戈从加迪斯离开后，曾趁西庇阿不在时突袭卡塔赫纳，然而很轻易就被击退了，他们遭到了猛烈反击，以至于不得不切断船只的锚，避免遭跳帮上舰，并留下许多败兵，任其淹死
86 或被杀。马戈被迫重返加迪斯再募新兵，但当地居民拒绝他进入城市，并很快就向罗马军队投降了，马戈不得不折返皮图萨岛

[Pityusa，现在的伊维萨（Iviça）]——巴利阿里群岛的最西端——这一迦太基人的定居点。在接收了新兵和补给后，他试图在马略卡岛（Majorca）登陆，但被以投石兵出名的当地人击退，无奈只能选择一个较差的地方——米诺卡岛（Minorca，也作梅诺卡岛）作为冬营地，在那里把他的船拖上岸。

关于最后阶段事件的时间顺序，在李维的叙述中，镇压安多巴勒斯的叛乱发生于西庇阿和马西尼萨会面之后，然后是马戈离开加迪斯的细节。这些内容似乎表明事件发生时西庇阿仍在西班牙。但论记述历史事件顺序的准确性，李维的可靠程度不及波里比阿。后者肯定地说，西庇阿在镇压安多巴勒斯后直接返回塔拉科，然后“急着回到罗马竞选执政官”，在把军队交给西拉努斯和马尔西乌斯，安排好行省管理事务后，他便向罗马进发。

与马西尼萨的会面——无论具体发生在何时——都意义非 87
凡，因为正是在这次会面中，西庇阿多年前对马西尼萨侄子的宽厚对待，于此刻结出了善果——双方立约结盟。这一盟约，终将成为西庇阿动摇迦太基阿非利加根基的关键手段。

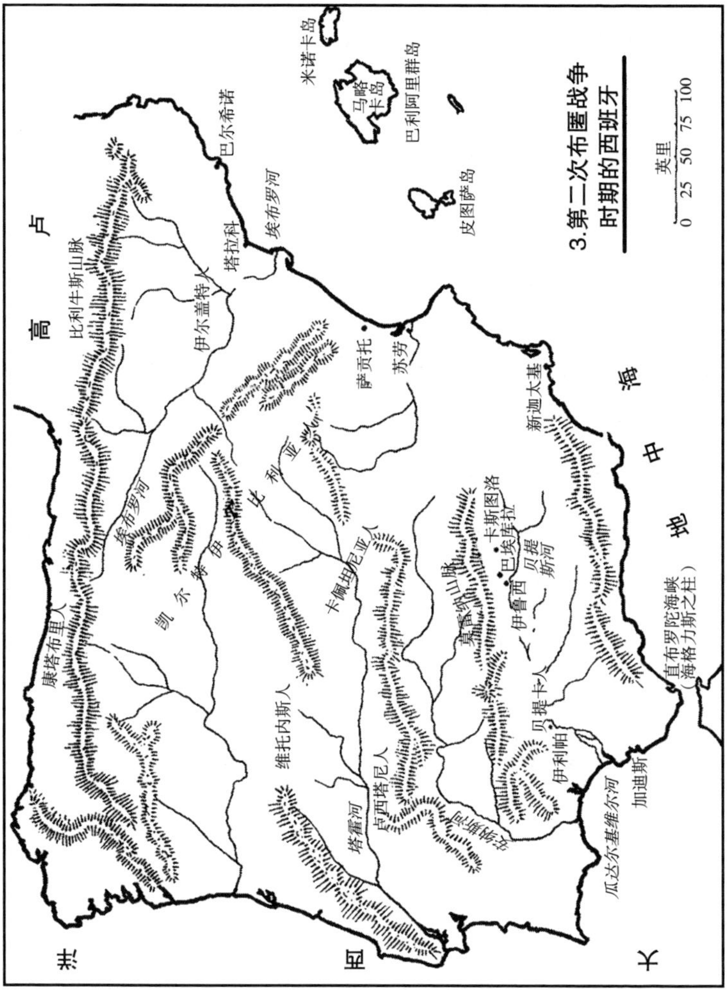
3.第二次布匿战争时期的西班牙
英里
0 25 50 75 100
高卢
比利牛斯山脉
巴尔希诺
埃布罗河
塔拉科
伊尔盖特人
萨贡托
米诺卡岛
马略卡岛
巴利阿里群岛
皮图萨岛
新迦太基
卡斯图洛
巴埃库拉
贝提斯河
莫雷纳山脉
卡佩坦尼亚人
凯尔特伊比利亚人
康塔布里人
维托内斯人
卢西塔尼人
塔霍河
瓜达尔基维尔河
伊利帕
贝提卡人
加迪斯
直布罗陀海峡
（海格力斯之柱）
地中海
大西洋

第七章
真正的目标

西庇阿一到罗马，就在城外的贝洛纳（Bellona）神庙拜会 88
了元老院的元老们，并向他们正式汇报了他所指挥的诸战役的情况。“因为这些胜利，他希望能举行凯旋式，但也没有执拗地强求”——这一荣誉历来只授予在担任公职期间立下战功之人。他的这一举措是明智的，因为年轻人的巨大成功已经激起前辈们的嫉妒。元老院没有打破先例，在演讲结束后，西庇阿以常规方式入城。然而，奖赏很快还是来了，在次年选举两位执政官的大会上，所有百人团一致推举他当选。选举盛况不仅体现在民众欢
呼中，更反映在布匿战争期间前所未有的选民人数上：人群涌向 89
他的宅邸和元老院所在地，好奇心满满，争相一睹这位西班牙战场征服者的风采。

然而，在赢得这场个人胜利的次日——这一胜利，是对墨守成规的元老院拒绝为他举行的正式“凯旋式”的一种补偿——一股夹带着嫉妒且愈发狭隘顽固的保守势力开始显露苗头，并最终将扼杀他的功业。不过幸运的是，在这一切发生之前，他已为罗马收获了最宝贵的战果——汉尼拔的覆灭。

到此时为止，在西班牙，西庇阿可以放手大干，不受嫉妒的政客或元老院提出的妥协建议的束缚。只要能够依赖自己在当地

的资源，任何国家政策的捍卫者就会鞭长莫及，他的行动自由不会因政出多门而受到束缚。但从此刻开始，他就像两千多年以后的马尔博罗和威灵顿一样，遭到政治内讧和嫉妒的遏制。最后，如马尔博罗一样，在愤懑的退隐中辞世。有记载说，西庇阿宣称，当执政官不仅要履行基本的职责，还要结束战争；为了达到这个目的，他必须率领军队进入阿非利加；如果元老院提出异议，他就会利用群众的支持逼迫元老院，使之通过。也许是他的
90 朋友一时轻率；也许是西庇阿一刹那的过度自信让他忘记这时应该三思；但更有可能的是，他知道元老院那些目光短浅的人会预先探听群众的舆论动向。

当这个议题在元老院被提出时，“拖延者”费边①表明了保守的观点。费边的绰号源于他的无所作为，他天生的谨慎又被老年人的嫉妒所强化，他狡猾地刻意批评年轻人的计划，因为后者的行动已威胁到他的名声。首先，他指出元老院没有投票，群众也未要求本年度在阿非利加设立执政官行省，并暗示，如果执政官在会见元老院的元老前就已下定决心，那是对元老们的轻慢。接下来，费边试图为自己评功摆好，历数过去的成就，

---

① 即昆图斯·费边·马克西穆斯·维尔鲁科苏斯（Quintus Fabius Maximus Verrucosus，前 280～前 203 年），古罗马政治家、统帅。曾五次当选执政官，两次当选独裁官，并曾担任监察官。在第二次布匿战争中，他是汉尼拔的重要对手。面对指挥技艺高超的汉尼拔，他非常谨慎保守，尽量避免与汉尼拔正面交锋，而是以监视和骚扰为主，以防落入汉尼拔的陷阱，故他无法击败汉尼拔，但汉尼拔面对费边同样不能取得大的胜利。

以回避说他这么做是出于嫉妒的指责，就好像这些成就太过崇高，西庇阿不可能与之相提并论——“我跟一个年纪比我儿子还小的人去争什么?”费边力劝西庇阿，说他的职责是在意大利进攻汉尼拔。“为什么你不在那里，在汉尼拔所在的地方直接对 91
他开战，却要绕弯子去阿非利加?就因为你以为汉尼拔会跟着你一道去那里吗?”这很容易让人想起 1914~1918 年战争中关于东线和西线的争论。“万一汉尼拔进攻罗马怎么办?”这番论调在现代人听来何其耳熟——任何非主流军事学说只要质疑克劳塞维茨“敌军主力乃首要目标”这一论断，便会遭到类似的指责。

费边接着暗示，西庇阿在西班牙的成功让他晕了头。他对这些成就明褒实贬，暗含讥讽。蒙森①和其他现代历史学家似乎觉得费边的说法有些道理，但他们忘记了费边的论点在西庇阿的行动前都是站不住脚的。费边认为，如果西庇阿冒险前往阿非利加，他必须面对的问题跟以往区别很大。没有一个通畅的港口，没有一个稳固的根据地，没有一个盟友。费边嘲弄说，在苏克罗的兵变中，西庇阿连自己的士兵都掌控不了，他还能掌控马西尼萨?在阿非利加的土地上，迦太基将征集所有的资源对付他，所有的内部矛盾在外敌面前都会消弭。即便汉尼拔

① 即克里斯蒂安·马蒂亚斯·特奥多尔·蒙森（Christian Matthias Theodor Mommsen，1817~1903 年），德国历史学家、古典学家，于 1902 年获诺贝尔文学奖。

被迫返回——虽然这不太可能，在整个阿非利加的支持下，在
92 迦太基城附近而不是在意大利南部与之对阵，能有多糟糕？“你这算什么策略？你想用半数的兵力对抗数量大大增加的敌军？”

最后，费边将西庇阿与其父亲做了一个尖刻的比较。其父当年启程前往西班牙时，曾折返意大利迎战汉尼拔，“而你却要在汉尼拔仍盘踞在意大利时离开，你这么做不是因为如此有利于国家，而是因为这能给你个人带来荣誉和辉煌……征召军队是为了保卫罗马城和意大利，而不是让执政官们出于虚荣，把军人带到他们喜欢的任何地方去”。

这番演说给元老院的元老们留下了深刻的印象，“尤其是那些年事已高的人”，当西庇阿站起来回应时，大多数人显然都不赞同他。他以一记巧妙反击开场：“甚至昆图斯·费边本人也注意到……他的发言中似乎带着一点嫉妒之意。尽管我不愿在这件事上指责这位如此伟大的人物，他却难以洗清这层嫌疑。且不论是因为言语失当，还是因为事实如此。他一
93 再炫耀自己的荣誉和功业，无非想证明自己无须妒忌任何人，他还向我表明，我的成就足以对任何无名之辈构成威胁，却不足以影响他，因为他已赫然凌驾于他人之上……”“他把自己描绘成一个老人，一个拿过各等级荣誉的人，而我却比他儿子的年龄还小，他甚至对身后的政治遗产、历史留名都无所谓了。”接着，西庇阿略带讽刺地提到费边对他远航

阿非利加的安全问题表现出诚挚关怀，而不仅仅是因为国家
和军队。这种关怀从何而来？当他的父亲和叔父被杀时，当
西班牙被四支获胜的迦太基军队踩在脚下时，当除了他自己
没有人愿意为那样一种孤立的形势冒险献身时，“为什么那时
候没有人提及我的年龄、敌军的力量、其中的困难，以及我
父亲和叔父的命运？”“阿非利加现在有比西班牙更强大的军
队、更多更好的将军吗？我当时的年龄是否比现在更适合打
仗？”“在击败了四支迦太基军队……收复了整个西班牙，没
有留下任何战争的痕迹之后，我做的这一切就变得无关紧要 94
了，如果我是从阿非利加回来，我也很容易把那些为了将我
留在这里而被夸大了的情况看得无足轻重。”然后，在驳斥了
费边所引的作为警告的历史事件后，西庇阿也诉诸历史，反
击费边，借汉尼拔的例子来支持自己的计划。“把危险施加于
他人的人比消除危险的人更有勇气。更重要的是，未知总是
会加剧恐惧。当你踏上敌人的领土，你就会看清对方的优势
和弱点。”在指出阿非利加在斗志上的软肋后，西庇阿继续说
道：“如果你们不加阻拦的话，你们将立刻听到我已经登陆、
阿非利加战火熊熊、汉尼拔准备撤走的消息。”“……许多目
前尚不明朗的事情到时候就会发生，在大好时机即将到来的
时刻，全军统帅的职责不是等待，而是要抓住机会采取行动。
昆图斯·费边，我会去对付你所说的那个敌人——汉尼拔，
但我不会被他束缚在此，我将牵着他的鼻子走。”至于汉尼拔

进攻罗马的危险性，倘若执政官克拉苏①连军力已被削弱的汉
95 尼拔都无法对付，那无疑是对克拉苏的一种贬低，因为连费边都
能在汉尼拔处于势力巅峰时做到这一点——这番驳斥实在是一记
毫无漏洞的绝杀！

在强调此时此刻就是对迦太基翻盘的时机，攻打阿非利加就如同当初汉尼拔袭击意大利后，西庇阿用典型的克制而又崇高的语调结束了此次演讲。“尽管费边贬低了我在西班牙的功绩，但我不会嘲笑他的荣耀，去夸大我自己的。尽管我是个年轻人，但即便不提其他方面，我也会在谦逊和口德方面胜过这位前辈。我的生活就是这样，我所做的贡献也是这样，我会满足于你们对我自然而然形成的看法。”

但是，比起军事上的争论，元老院更关心对其特权的维护，
并要求知道西庇阿是否会把决定权交给他们，或者，如果他们否
决，西庇阿会不会越过他们诉诸公民大会。除非西庇阿承诺服从
裁决，否则他们拒绝做出决定。在与同僚商量后，西庇阿在这个
要求上让步了。于是，元老院这个典型的官僚机构给出了一项折
96 中方案——若抽签获得西西里行省管辖权的执政官，认为越境进
攻阿非利加符合国家利益，便可以采取行动。说来也怪，西西里
偏偏落入了西庇阿之手！

---

① 即普布利乌斯·李锡尼乌斯·克拉苏（Publius Licinius Crassus，?～前183年），西庇阿的政治盟友，公元前205年时与西庇阿共同担任执政官。当西庇阿远征阿非利加时，克拉苏留在意大利，一方面监视汉尼拔，一方面保护西庇阿免受政敌攻击。

西庇阿带领三十艘军舰出发，这些军舰的建造耗费了大量精力，从森林里弄来木材到建成下水用了四十五天；其中有二十艘五列桨战舰，十艘四列桨战舰。船上搭载了七千名志愿者，因为元老院虽不敢阻止他，却极力设置障碍，拒绝让他征召军队。

面对重重困难，又受制于他意图拯救的人们，如何将这群散漫的志愿者锻造成一支有战斗力的远征军的核心，我们的历史中有十分类似的故事。西西里岛是西庇阿的大本营，他在这里锻造可以直刺迦太基心脏的武器。但是，西庇阿不像拿破仑战争中的约翰·摩尔爵士①，他将亲自执掌以自己的天赋打造的武器，给汉尼拔致命一击。他的远见卓识使其洞悉遥远的未来，这也许是他优于其他所有伟大统帅的品质。他认识到，胜利的战术关键在
于拥有一支优秀的机动打击力量——骑兵。要理解这一点，必须 97
摆脱伟大传统的束缚，这是他最值得赞扬的天赋，因为罗马在军事上的伟大主要基于其军团步兵。罗马悠久而灿烂的历史证明了它的有效性，只有西庇阿在舞台上的短暂的一段时间里，真正打破这一传统，找到两个兵种之间的平衡，分配兵力，并使之协同，一支用来牵制，另一支用来作为决定性的机动力量。对现代总参谋部而言，这是现实的例子。他们在机械化的边缘犹豫不决，尽管旧式兵种在现有形态下已显颓势，但是他们仍不敢越雷池一步，即便就军事传统的持久和辉煌而言，他们也连罗马军团

① 约翰·摩尔爵士（Sir John Moore，1761~1809年），英国中将，他因主导军事训练改革和在科伦纳战役阵亡而出名。

的十分之一都达不到。从到西西里岛开始，西庇阿就把精力集中在发展一支优秀的骑兵部队上，而扎马战役中汉尼拔的决胜兵器反噬其主的结局，正是西庇阿战略的最佳印证。

当他仅仅带着七千名不同种族的志愿者登陆西西里岛时，这个目标看起来是那么遥不可及。然而，短短几日，他就迈出了第一步。他迅速将志愿者编组成大队和百人队，但又挑选出三百
98 人，将其搁置在一边。可以想象这些人的困惑和惊讶，因为他们没有武器，也没有像其他战友那样被分配到百人队中。

接着，西庇阿挑选了三百名出身高贵的西西里青年，要他们跟着自己前往阿非利加，并指定了他们要备好马匹和武器的日子。在如此危险的冒险中被提名，使他们及其父母都感到不安，这些人极不情愿地前来入列。西庇阿对他们说，他听到了流言蜚语，说有人厌恶这项艰巨的任务，他不想接受心不甘情不愿的战友，宁愿他们公开表达自己的想法。其中的一人立刻抓住了这个脱身的机会，西庇阿随即免除其兵役，答应给他找一名替代者，承诺只要他交出战马和武器，并训练好自己的替身即可。这个青年欣然接受了条件，其他人发现西庇阿并没有对此表示不悦，便纷纷效仿。通过这种方式，西庇阿获得了一批精锐的罗马骑兵，而“没有让国家出一分钱”。

他的下一个举措不仅显示出其每一步都朝着最终目标迈进，也体现了为确保未来的行动，长远目光的重要性。他派莱利乌斯
99 前往阿非利加进行一次先行探查。为了不耗费资源，他为这次远

征修好了旧船，并把他的新船拖到帕诺尔莫斯（Panormus）[①]的岸上过冬，因为这些船都是由未经干燥处理的木材匆忙赶制出来的。此外，在把军队分配到各个城镇后，他命令西西里各城邦为军队提供粮草，将自己从意大利带来的军粮储存起来——他在后勤供应的细节上也很注意节约。西庇阿知道，战略取决于后勤，粮草得不到保障，使用再非凡的战术也可能会失败。

此外，进攻，无论是战略上的还是战术上的，都要有坚实的基地（base），这是战争的基本公理之一。不过，“基础”（basis）可能是更好的表达，因为“基地”容易被解释得过于狭隘，而实际上，它包括地理意义上基地内部和外部的安全，以及后勤与运转的安全。拿破仑在 1814 年、德国在 1918 年，内部危机都导致了其进攻的瓦解。因此，西庇阿为确保安全，采取的先行探查策略是很值得关注的。他发现西西里，尤其是叙拉古，因为战争而饱受内讧与混乱的折磨。叙拉古人的财产在那场著名的围攻 100
后[②]，被贪婪的罗马人和意大利人夺走，尽管元老院颁布了归还法令，但从未实现。西庇阿很早就找机会去了叙拉古，并“认为维护罗马承诺的信誉至关重要”，他要求把财产还给市民，对拒不归还的，予以公告甚至直接采取措施。此番公道的做法在西西里产生了广泛的影响，这不仅保证了其基地的安宁，而且使其

① 今巴勒莫。

② 叙拉古在第二次布匿战争初期站在迦太基一方。公元前 212 年，即西庇阿来西西里之前七年，叙拉古被罗马军队攻陷，大量人口被贩卖为奴，财富几乎被洗劫一空。

远征军的后勤保障赢得了西西里人的积极支持。

与此同时，莱利乌斯在距迦太基150英里处的希波城（Hippo Regius，现今的博纳）登陆。根据李维的记载，这个消息使迦太基陷入恐慌，迦太基民众以为西庇阿已经率军登陆，他们预测西庇阿很快就会向迦太基进军。抵御看似毫无希望，因为迦太基民众都没有受过军事训练，雇佣军的忠诚度也很值得怀疑，在阿非利加部落的首领中，西法克斯自从与西庇阿会面后就和迦太基民众疏远了，而马西尼萨则公开与他们作对。直到得知入侵者是莱利乌斯不是西庇阿，且他的兵力仅够袭扰，恐慌才有所缓解。李
101 维进一步告诉我们，迦太基人利用喘息之机，派使节拜访西法克斯和其他阿非利加酋长，以求加强联盟关系；此外，他们还派出使节前往汉尼拔和马戈那里，敦促他们通过震慑罗马，迫使西庇阿留在本土。早前，马戈在热那亚登陆，但军力太弱无所作为，为了鼓励他与汉尼拔合兵一处向罗马进军，迦太基元老院给他派去了七千名士兵，并出资雇了辅助人员。

如果以上属实，从表面上来看，西庇阿错失了机会，莱利乌斯的奔袭并不明智，这让迦太基提高了警惕，而马西尼萨的言语则进一步深化这一印象。李维写道，马西尼萨率领一小队骑兵造访莱利乌斯，抱怨道："西庇阿行动不够迅速，没有在迦太基人惊慌失措、西法克斯忙于与邻近城邦交战且犹豫不决之际，果断入侵阿非利加；如果给西法克斯时间解决了自己的问题，他就不会对罗马人保持忠诚。"马西尼萨随后请求莱利乌斯催促西庇阿

不要再拖了，并承诺他即使被自己的国家驱逐，也会带领步兵和 102
骑兵加入西庇阿军。

然而，当我们从军事的角度来看待这一局势时，情况就不同了。莱利乌斯在靠努米底亚最近的港口上岸，这里距迦太基有超过 150 英里，其间还有一片广阔的丘陵地带。西庇阿本人登陆时，这一距离只有 25 英里。因此，莱利乌斯的远征绝不可能是打迦太基的主意，明确的推论是：这次远征是为了侦察阿非利加各邦的局势与民心——西庇阿希望在那里找到盟友，特别是要与马西尼萨取得联系。正如我们所知，西庇阿已经意识到，在骑兵力量上取得优势是战胜迦太基人的关键，他指望努米底亚首领提供主要兵力。他很欣赏马西尼萨在西班牙战场上表现出的杰出的骑兵领导能力，渴望赢得他的支持。因此，莱利乌斯此行的终极使命很可能是确认当罗马军队登陆阿非利加时，那个努米底亚人是否真的会信守新结的盟约；如果会，他又能够贡献什么样的资源。如果说迦太基真的对如此遥远的
一次袭击感到惊慌失措的话，那么这一事实倒是证实了西庇阿 103
的观点——对迦太基进行一次猛攻就可以赢得士气上的优势。至于这样的警报会让迦太基有所防备，西庇阿早在元老院的发言中就有所提及，并做好了准备。远征的许可是从心不甘情不愿的元老院那里费力求来的，军队和资源必须在没有国家帮助的情况下筹集，战略上的出其不意从一开始就是不可能的。这一例子说明了共和体制的政府在指挥战争方面长期存在的弊

端。尽管缺乏政策的鼎力支持，但他获得了决定性的成果，这是西庇阿最大的功绩之一。纵观战争史，最成功的统帅要么是专制君主，要么是独裁者，而西庇阿是共和国的公仆，这是个特例。无数的历史学家都对汉尼拔给予了极大的同情，因为汉尼拔在国内缺乏支持，处境艰难，他们把汉尼拔所有的挫折都归咎于迦太基的元老院。似乎没有人强调西庇阿与之相似的难处。罗马在派遣增援部队方面没有任何实际困难，而迦太基方面可以利用这个借口。元老院不支持西庇阿——甚至比这更
104 糟，是积极地反对——这无疑是西庇阿在西西里岛的远征准备拖延了一年的原因。西庇阿不得不在没有帮助的情况下，独自在西西里岛和阿非利加寻找资源。马西尼萨的抱怨是多么缺乏依据且不合理，如果西庇阿按他的话去做了，结局可以从公元前 204 年的事实中看到：那一年，西庇阿抵达阿非利加，马西尼萨这位“无地王”——这是蒙森的原话——“最初除了个人才能外，没有给罗马人带来任何援助”。当无畏是正确的方针时，很少有将领像西庇阿那样大胆，但他严守审慎原则，在武装自身并通过训练锤炼武力之前，没有发动进攻。令人惊奇的不是西庇阿推迟了一年，而是他这么快就行动了，而且对于他的任务而言，他的部队既没有完成训练，在数量上也不足以胜任。但这一看似大胆的举动，在其登陆后得到了战略保障，而扎马战役的结果证明了这一点。同一批历史学者，批评西庇阿在公元前 205 年拖拖拉拉，又谴责他在公元前 204 年带着这点兵力远航的鲁莽！这类评判的

价值让人啼笑皆非。其中之一是道奇①，对于公元前 205 年，他
评论说：“对远征阿非利加，西庇阿似乎拖拖拉拉，这方面他像
麦克莱伦②，在声望上尤其类似。”后来在谈及西庇阿登船时， 105
道奇描述道：“一些将军会宣称这些准备是不够的，但西庇阿十
分自信，这种自信能弥补任何物质上的缺陷，使其能够应对严峻
的考验。”一些批评者完全是为批评而批评。

---

① 即西奥多·道奇（Theodore Dodge，1842~1909 年），美国军人、军史作家及商人，曾经对古罗马军事及其将领进行研究。

② 即乔治·布林顿·麦克莱伦（George B. McClellan，1826~1885 年），美国南北战争时期的将领，商人、铁路大亨、州长，1864 年曾经竞选美国总统，但未能成功，是林肯总统的政敌。麦克莱伦在美国军史上遭受批评的主要原因是他不果断。因为他与当时以林肯为首的共和党政府不和，在 19 世纪末期至 20 世纪初，大众对他的评价一般偏负面。今天他的功绩被现代历史学家重新定位。

第八章
政治风波

106 在莱利乌斯返回到西庇阿登船前往阿非利加的这段时间，除了物质准备，还发生了两个重大事件。其一是西庇阿在洛克里（Locri）的“串场表演”；其二是政治纷争，这一威胁一度要毁灭他本人和他的计划。这两件事情都值得研究，因为其揭示了西庇阿作为统帅和个人的性格特性。

在意大利地图上，洛克里位于下方的足尖处（靠近今杰拉切），当时在汉尼拔的控制之下。在其弟哈斯德鲁巴于梅陶鲁斯河（Metaurus）战败后，汉尼拔便后撤到意大利最南边的布鲁蒂姆地区（Bruttium，今卡拉布里亚）。在这里，汉尼拔牵制着罗马执政官的部队，后者不敢前去山峦的要塞中寻找这只伤痕累累但不屈不挠的迦太基雄狮。

一些出城的洛克里人被罗马军队的突袭小队俘获，被带往邻
107 近西西里岛的港口利基翁。在那里，亲罗马的洛克里贵族认出了他们，这些贵族是在城镇落入迦太基人之手时，逃到这里避难的。一些俘虏是娴熟的工匠，受雇于迦太基人并深得信任。他们表示，如果能被赎回，他们愿意献上洛克里的卫城。洛克里的贵族急于收复自己的城镇，便立即赎回了工匠们，在协调好计划和暗号后，将其送回洛克里。随后，他们前往叙拉古，将此事告知

西庇阿。西庇阿看见了机会，派遣由两名军事护民官率领的三千名士兵前去冒险。与里面的同谋者对上暗号后，梯子在午夜时分放下，袭击者爬上了城墙。奇袭增强了他们的力量，迦太基军队在混乱中从卫城逃至城镇另一边的堡垒里。双方打了几天，没有获得决定性的结果。意识到守军所面临的危险，也明白自己可能会失去一个重要的据点，汉尼拔前往救援，并派一名信使向要塞守军下达命令，指示驻军在拂晓时出击，希望以此掩护他的突
击。但是，他并没有带来云梯，进攻被迫延迟了一天，因为需要 108
准备云梯和冲击城墙所需的器械。

当时在墨西拿的西庇阿听闻汉尼拔的动向后，策划了出其不意的反击行动。他留下兄弟在墨西拿掌局，自己带领一支部队上船，在下一次涨潮时启航，于日暮前不久到达洛克里的港口。夜间，军队悄悄入城，隐匿处可能是由那些没有公开身份的亲罗马者提供的。次日上午，汉尼拔协同从堡垒出击的迦太基军队发动了进攻。当登高梯支起时，西庇阿军由城镇的另一个大门涌出，从侧翼和后方攻击迦太基人。此次突袭使迦太基军队陷入混乱，原计划泡汤了，汉尼拔不得不退回自己的营地。意识到罗马军队掌握了城镇、控制了局势，汉尼拔连夜撤离，给堡垒里的驻兵发送消息，让他们尽最大努力逃出来，重新与他会合。

对西庇阿来说，这次“串场表演”是一笔实实在在的财富。他在与可怕的汉尼拔的第一次较量中赢得了个人声望，甚至在玩
弄诡计的大师面前讨得了便宜。除此之外，他还帮助了罗马人在 109

意大利的斗争，在未损耗自身兵力的情况下，削减了汉尼拔在意大利的立足点。然而，除了这些个人利益和间接利益，他的成功对其未来的作战计划产生了重要影响。他让军队积攒了对抗汉尼拔的经验，这一成功的行动提振了士气，这在今后的关键日子里具有重大价值。不幸的是，这一场战斗类似莱利乌斯在阿非利加的侦察行动，波里比阿没有通过它向我们揭示西庇阿出手的动机与计划。波里比阿关于这一时期的记叙失传了，必须通过既有事实与对西庇阿思维模式的认知来做推断。对于那些了解他在西班牙战役中如何持续且有远见地运用士气因素的人来说，毫无疑问，他抓住了洛克里的冒险这一重大机会，这次冒险不仅为最终的决战测试和磨砺了他的士卒，并且让部队知道了汉尼拔不是什么无敌大将军。

第二件事源于洛克里被收复后的行政管理。当西庇阿派第一批军队去攻占这座城镇时，他已命令利基翁的地方长官昆图斯·
110 普列米尼乌斯（Quintus Pleminius）去协助军事护民官。当洛克里被夺取后，普列米尼乌斯凭借资历，在西庇阿到达之前一直代其管理。在击退汉尼拔的救援力量后，西庇阿返回西西里岛，普列米尼乌斯很自然地控制了这个城市，并获得了防御指挥权，尽管来自西西里岛的分遣队还是受军事护民官直接指挥。

普列米尼乌斯滥用其获得的信任是罗马历史上最肮脏的一页。可怜的居民在普列米尼乌斯的暴政和贪欲下，过得比在迦太基人治下更糟糕：这就是他们帮助罗马人夺回这座城市的报偿。

上梁不正下梁歪，军人们对战利品的贪婪不仅让市民不堪其扰，还不可避免地搞乱了自身。看起来护民官们是在努力制止这种愈发肆无忌惮的行为，并坚持真正的军纪标准。普列米尼乌斯的一名手下，从一户人家中偷取了一只银杯，然后逃跑并被主人追赶，途中遇到护民官。他们拦住了他，拿走了银杯，窃贼的伙伴们对护民官们连声辱骂，不过护民官手下的士兵和普列米尼乌斯的下属之间的混战很快就结束了。被痛打了一顿的后者向他们的长官求助，并煽动说，他们遭到的羞辱实际上是冲着他的做法和 111
统治来的。于是，普列米尼乌斯命人把两个护民官带到他面前，准备剥光他们衣服，将其暴打一顿。在棍杖就要被取来、自己就要被剥衣的那一瞬间，护民官呼叫下属们来助阵。后者急忙从四面八方聚集起来，见此状况，气得暴跳如雷，无视纪律的束缚，把怒火发泄到普列米尼乌斯身上，把他单独围了起来，割掉了他的鼻子和耳朵，揍得他奄奄一息。

西庇阿听到骚乱的传闻，立即扬帆前往洛克里，并进行了调查。至于他进行判断的证据和理由，我们一无所知。流传下来的是这样一个事实：西庇阿无罪开释了普列米尼乌斯，保留其指挥权，宣告护民官有罪，把他们铐上枷锁送回罗马，交给元老院去处理。然后，他回到了西西里。

这个判决结果有些令人吃惊，而西庇阿的评判的确有相当严重的缺陷。这样做的动机很难猜测，也许部分是出于对身体伤残的普列米尼乌斯的同情，再加上对自己的部下严重抗命、犯下如

112 此罪行的愤怒。惩处不端行为时，相较临时调拨给自己的部下，最好的指挥官会更严厉地对待直接下属，如果这两类人发生争执，那么统帅就容易犯错误，因为他会很小心地和稀泥，避免偏袒自己的人。据说在1914~1918年的战争中，一位杰出的英国指挥官如果对某个下级不喜欢或者不信任，就会给后者更大的自由度，等他犯下错误后再名正言顺地加以收拾。西庇阿表面上令人费解的判决的潜在动机可能与之相似。在评判这件事的时候，历史学家不仅要考虑我们对这件事的认知差异，还要从作为指挥官的西庇阿的行事记录来看待问题。正如我们所见，所有的证据都表明，西庇阿有两种特别突出的品质，一是他对人性的理解之敏锐，二是他对被征服者的仁慈。信任普莱米尼乌斯或纵容暴行，恰是最不可能发生在他身上的事。有鉴于此，因缺乏关于其决策所依据的事实证据而否定他的做法是草率的。

113 我们还需要记住，洛克里在意大利，不在西庇阿的管辖范围之内。密切关注意大利行政管理的代价只能是牺牲他的主要目标——为远征阿非利加做准备。

洛克里事件的重要性，并不在于它揭示了西庇阿的性格，而在于它成了一个政治包袱，差点搞砸了他的军事计划。来龙去脉可以简单讲一下。在西庇阿离开后，普列米尼乌斯认为西庇阿没把他遭受的伤害当回事，于是不服从西庇阿的命令。他把两个护民官拖到自己面前折磨死，甚至不允许埋葬他们支离破碎的尸体。他所受的伤还在隐隐作痛，于是想通过加重洛克里人的负担来为自己报仇。绝望中，洛克里人派了一个代表团去罗马元老院。使节在执政官选举不久后到达，这次选举标志着西庇阿任期的结束，尽管他仍在指挥西西里的军队。他们的悲惨故事激起了罗马民众的愤怒。元老院中的西庇阿反对者不假思索地把矛头指向了在名义上负有责任的人。毫不奇怪的是，费边通过询问他们是否曾向西庇阿投诉来挑起争议。根据李维的记载，使节回答道："派了代表去见他，但他忙于战争的准备工作，而且他要么 114
已渡海进入阿非利加，要么即将这么做。"他们补充说，西庇阿之前在普列米尼乌斯和护民官之间的决定，给他们留下了其支持前者的印象。

费边得到了他想要的答案，在使节们离开后，他立刻谴责西庇阿，称："败坏军纪是他的天性。在西班牙，由于兵变，他损失的人几乎比在战争中损失的还要多。他以外邦人和国王的方式纵容士兵们肆意妄为，然后又对之施加残酷的惩罚。"在一番措辞恶毒的演讲后，费边又提出了一个"同样严厉的决议"，决议的内容是："把普列米尼乌斯铐起来带到罗马，让他戴着镣铐为自己辩护，如果洛克里人的控诉是真实的，那么他就应该在监狱里被处决，其财产充公。普布利乌斯·西庇阿应该被召回，因为他未经元老院允许就离开了他管辖的行省。"

接着是一场激烈的辩论，在这场辩论中，"人们不仅讨论了普列米尼乌斯的残暴行为，还对西庇阿的着装议论纷纷，说其穿

着不仅不符合罗马人的风格，甚至连军人的气概都体现不
115 出”。批评他的人抱怨说：“他披着一件斗篷，穿着一双凉鞋在
运动场上溜达，花大量时间读闲书和看角力。他所有的属下都在
享受叙拉古方面提供的娱乐，十分懒散和放任，把迦太基跟汉尼
拔忘到了九霄云外。”这番指控同元老院以“与汉尼拔交战”为
由提议将他召回，实属自相矛盾。多么狭隘而又真实的人性啊！
他那些脾气暴躁的前辈真正不满的，不是他对普列米尼乌斯的宽
大，而是他希腊式的优雅与对学术的追求。

但更明智的建议占了上风。梅特卢斯（Metellus）指出，国
家现在召回它曾委托来结束战争的人，在他缺席和没有听证的情
况下对其进行责难，这跟之前的决策是不一致的，况且洛克里人
的苦难都是在西庇阿不在场时发生的。根据梅特卢斯的提议，任
命了一个调查团去西西里岛拜会西庇阿，如果他已前往阿非利
加，则追至该地调查。倘若查明洛克里事件系其直接下令或默许
所为，调查团有权剥夺他的军事指挥权。该调查团还将调查对其
116 军备情况的指控——无论是他本人的所谓懈怠或是军纪松弛。这
些控告都来自费边的追随者加图，他除了是费边的拥护者，还认
为对抗新引入的希腊文化以及实现简单的经济模式，是自己一生
的特殊使命。据说，为了省钱，他在奴隶们老到不能干活的时
候，就把他们出售；他对妻子的态度比对奴隶也强不到哪里去；
他宁愿把忠实的战马留在西班牙，也不愿承担将其运回意大利的
费用。在西西里，加图担任西庇阿手下的监察官时，谴责他对军

队的放纵，后来西庇阿免去了他的职务，于是加图不满地回到意大利，加入费边在元老院的反奢靡运动。

调查团先去了洛克里。据某些记载，普列米尼乌斯已被西庇阿下令押至利基翁监禁，他派出军团特使（legatus）逮捕了普列米尼乌斯及其主要党羽。在洛克里，财产与公民权都返还给了市民，他们因此同意派遣代表前往罗马指证普列米尼乌斯。然而，尽管有人怂恿，但市民们拒绝投诉西庇阿，他们确信所遭受的暴行既非出自西庇阿之命，亦未获其默许。

调查团没有再调查这一指控，但仍前往叙拉古，要亲眼看看 117
西庇阿领导下的军备情况。历史上不乏在重大军事行动前夕进行此类政治调查的先例——最近的一次是尼维尔事件①——而这些调查往往对指挥官及其下属的信心产生灾难性的影响。然而，西庇阿通过了这次考验。“在他们前往叙拉古的途中，西庇阿做好了澄清自己的准备，不是通过言语，而是通过事实。他命令所有军队集合起来、舰队准备就绪，仿佛那天真要跟迦太基军队在海上和陆地上干一仗。调查团到达的那天，西庇阿热情地款待他们。第二天，他向他们介绍他麾下的陆海军部队，部队不仅列队接受检阅，而且进行了野战演习，同时舰队在海港进行了一场模

① 见正文第 58 页译注。在第一次世界大战中，1917 年 4 月，为了打开局面，时任法军总司令的尼维尔命令在西线展开春季攻势，此举在行动前就遭到不少反对，军内信心不足，果然战斗打响后，英法两国军队死伤惨重而进展甚微，这导致法军基层士兵拒绝上前线送死。1917 年 5 月 15 日尼维尔被解职，他是法军中任期最短的最高指挥官之一。

拟海战。裁判官和副手接着被领去参观军械库、粮仓和其他战
备。每一处细节和整体表现都让他们感到钦佩，因此他们深信，
118 在西庇阿的领导下，这支军队将征服迦太基，他人则做不到。他
们祈求天神保佑他横渡大海……”（李维）

这些特使可不是第一次世界大战中政府里的那些文官，后者唯一的特点是对军事事务的无知。像大多数罗马人一样，他们是受过军事训练、经验丰富的人，不是耍耍花架子就能糊住他们的眼睛。令人惊讶的是，面对这样的裁决，蒙森这样有崇高声誉的历史学家还认为费边的恶意指控是对的，并将之作为自己的观点加以重复，即西庇阿未能维持好军纪。只有在军事上无知的外行历史学家，才能想象一支游手好闲的军队能够进行复杂的罗马式战役训练，并做到来之能战。而其表现不仅得到了认可，还激起了调查团的热忱赞叹。

调查团一回到罗马，他们热烈的赞扬便促使元老院投票决定
西庇阿可以去阿非利加，并允许他从西西里的驻军中自行挑选所
需部队。在这里要强调一下这一勉强而又拖拉的许可的可笑之
处。西庇阿得到了他们美好的祝愿，仅此而已。在如此重大的冒
险中，他从元老院得到的支持比汉尼拔从迦太基那里得到的还
119 少。罗马军队中，除了西庇阿自己带来的志愿者，在西西里岛的
只有第五军团和第六军团，他们都是经历过坎尼战役的残兵败
将，受到处罚被流放至西西里岛。一个不那么善解人意的指挥官
很可能会犹豫，是否要依靠遭受如此屈辱的部队。但“西庇阿

并没有蔑视这些战士，因为他知道坎尼战役的失败不是他们的怯懦所致，罗马军团里没有像他们服役这么久的士兵，面对各种作战模式，也没有人比他们经验更丰富”。而这些战士也火急火燎地想要抹去其遭受的不公正的羞辱，当西庇阿宣布要带他们一起去的时候，他确信，他以信任和慷慨赢得了他们的绝对忠诚。他对他们逐个进行审查，把不适合服役的人排除，以自己的士兵替补，把每个军团的力量增加到六千两百名步兵和三百名骑兵。

关于登船军队的数量，罗马方面的记述大相径庭，即使在李
维的时代，这种不确定性也是如此之大，使他宁愿不发表意见。
所估算的最小规模也有一万名步兵和两百名骑兵，次之的估算为
一万六千名步兵和一千六百名骑兵，第三种，也是最大的估算有
三万五千人，包括骑兵和步兵。从先前的事实来看，第一种估算 120
不对，而第二种估算应该是正确的。但不管怎么说，就所想要达
成的目标而言，兵力确实是不够的。

在面对的形势和军队人数方面，公元前 204 年的西庇阿和公元 1630 年的瑞典君主古斯塔夫·阿道夫惊人地相似，当时瑞典国王渡过波罗的海，向神圣罗马帝国发起攻击。尽管两支军队兵力都不强，但都被领导人的训练天赋和个人魅力凝聚为卓越的战争机器——为日后的扩张奠定了核心框架。西庇阿的计划和工作是多么纯粹和成功，这一点可以通过引用蒙森的话来恰当地说明——尽管他对西庇阿并不友善：“很明显，元老院并没有安排

这一远征，仅仅是默许：之前雷古卢斯[①]拥有的资源，西庇阿获得的还不到一半，而且他得到的军团，正是多年来遭到元老院故意降格的。在元老院中的大多数元老看来，阿非利加军是那些声名狼藉的部队和志愿者一个缥缈的希望，他们的失利不会让元老
121 院感到一丝遗憾。”然而，许多历史学家坚持认为，罗马在布匿战争中的胜利是因为国家对将领的大力支持，迦太基失败就是因为缺少这一点！

西庇阿不仅资源匮乏，还不得不在没有罗马援助的情况下招募和训练远征军，行动被迫推迟一年，加之洛克里事件的调查进一步拖延，阿非利加的局势已在此期间恶化。吉斯戈的儿子哈斯德鲁巴从西班牙返回后，将他的女儿索福尼斯巴（Sophonisba）嫁给了西法克斯，使西庇阿对西法克斯的影响力顷刻间化为乌有。作为回报，西法克斯恢复了与迦太基结盟的誓约。哈斯德鲁巴还是担心西法克斯会遵守与西庇阿的旧约，他“利用沉醉于爱情中的努米底亚人，让新娘吹枕边风，说服国王派使节前往西西里岛拜会西庇阿，警告他‘不要倚仗先前的承诺，渡海来阿非利加’”。西法克斯在信中请求西庇阿到别处去打仗，以使自己得以保持中立，并补充说，如果罗马人来了，他将不得不与之交手。

---

① 即马尔库斯·阿提利乌斯·雷古卢斯（Marcus Atilius Regulus，前 299～前 250 年），古罗马将领，第一次布匿战争中率军登陆阿非利加攻打迦太基，最初获胜，但于公元前 255 年被迦太基军队击败，雷古卢斯被俘。

激情打败了外交。可以想象，这个消息对西庇阿来说是多么沉重的打击。但是，西庇阿还是决定实施自己的计划，只想抵消西法克斯的背叛为人所知后可能对士气造成的影响。他尽可能快 122
地送回使节，并严厉地提醒西法克斯履行条约中的义务。而且，西庇阿意识到使节会被很多人看见，如果对他们的来访保持沉默，谣言就会四处流传。于是西庇阿向部队宣布使节来了，就像马西尼萨早先来见莱利乌斯一样，是催促他赶紧攻打阿非利加。这是精明的诡计，因为真相可能在关键时刻严重影响士气。西庇阿比 1914 年的军事当局更机智，更了解群众的心理，知道他们对领导人的沉默会做最坏的解释，会无视所有箴言，认为没有消息就是坏消息。

第九章
阿非利加

123 公元前 204 年春，西庇阿率领部队在利利俾（Lilybaeum，今马尔萨拉）登船，远航至阿非利加。据说其舰队是由四十艘战船和四百艘运输船组成的，船上有五十五天的水和口粮，其中有十五天的食物是已煮熟的。为了保护运输船队，各战舰都做了充分的部署，在夜晚，可以通过灯光来区分船只——运输船一盏灯，军舰两盏，西庇阿的旗舰有三盏。值得关注的是，西庇阿亲自监督部队登船。

一大群人聚集在一起，见证西庇阿出发，不仅有利利俾的居民，还有西西里的全体代表，另外就是留守的部队，他们一同向西庇阿致意。黎明时分，西庇阿做了告别演说和祈祷，随后吹号
124 示意启航。趁着风势，舰队快速前进。次日，太阳刚刚升起，陆地便已经在望，墨丘利海角（Mercury）① 进入眼帘。西庇阿命令领航员航向更远的西方靠岸，但随后的浓雾迫使舰队下锚。第二天早晨，风起雾散，军队在离大城市乌提卡几英里的费尔海角（Fair promontory）② 下了船，随即在最近的高地上安营扎寨，以确保安全登陆。

---

① 现在的邦角（Cape Bon），突尼斯东北部半岛，位于突尼斯湾和哈马马特湾之间。

② 现在的法里纳角（Cape Farina），位于突尼斯北部海岸，突尼斯海湾的西边。

这两个海岬形成了一个犄角，指向西西里岛，伸入地中海的牛头状的陆地就是迦太基的领土，今天这里是突尼斯。两角相距约三十五英里，围起一个巨大的半圆形海湾，迦太基城在中心位置沿海矗立，位于一个向东的小半岛上。乌提卡城紧邻西角顶端内侧，城东数英里处流淌着巴格拉达斯河（Bagradas River），其富饶肥沃的山谷就是迦太基的主要补给来源。另一个战略要地突尼斯城位于迦太基半岛和大陆的交界处，地理上位于迦太基西南，但从军事角度看它处在迦太基城的东侧，因为它扼守着来自该侧的陆路通道。

尽管迦太基人早就料到会遭受这样的打击，他们在每一个 125
海角上都设有瞭望塔，但这个消息还是带来了极大的刺激和恐慌，从乡下逃出来的人接连不断。迦太基采取了紧急防御措施，就好像西庇阿已经率军到了城下。罗马军队的第一步显然是获得一个安全的行动基地，为此，他们首先攻向乌提卡。当军队在陆地上行军时，舰队也被派往那里。西庇阿的前卫骑兵遇到一支由五百名迦太基人组成的骑兵队，后者被派来侦察和阻止登陆。经过激烈的交战，敌军溃逃。另一个更好的兆头是马西尼萨的到来，他说到做到，加入了西庇阿的队伍。李维称，他编纂历史时发现较早的不同史料对马西尼萨援军兵力大小的记载不同，有的人说他带了两百名骑兵，有的则声称是两千名。李维接受了较小数字的估算，因为有充分的理由表明，马西尼萨从西班牙回来后，被西法克斯和迦太基的联合力量驱

逐出其父王的疆土，在此前一年中四海为家，躲避追捕。在最
126 后一战中，马西尼萨只带了六十名骑兵成功逃脱，其追随者以较大的比例增加是不太可能的。

与此同时，迦太基人又派遣了一支四千人的骑兵队伍（主要由努米底亚人组成）去阻挠西庇阿的推进，为西法克斯和哈斯德鲁巴前来增援争取时间。他们已向盟友和阿非利加战区的总指挥发出了紧急求救信件。哈诺（Hanno）带领四千骑兵占领了小镇萨拉埃卡（Salaeca），这里距乌提卡附近的罗马军营十五英里。据李维记载，西庇阿听闻此消息后说："什么！骑兵在夏天待在房子里！他们既然有这样的首领，人数再多点才好呢。""总之，对方行动越是拖拉缓慢，他就越是该积极主动。西庇阿派马西尼萨带领骑兵行进，命令他到敌军军营前挑战，当敌军倾巢而出全力赴战时，再逐渐退却。"西庇阿让马西尼萨的先头部队将敌人诱出来，在等待了足够长的时间后，他与罗马骑兵一起，"在一些高地的掩护下隐蔽前进，没有被察觉"。他在被称为阿加托克利斯堡垒（Tower of Agathocles）的地方附近占据了阵地，这座堡垒位于两座山脊之间的马鞍形北坡上。

127 马西尼萨遵循西庇阿的计划，反复进退。一开始只动用小规模战斗部队，随后发动反击，迫使哈诺增援，然后假装后撤，挑逗他们再投入战斗，并重复这个过程。最终，哈诺被这些战术诡计——这是后来帕提亚人和蒙古人的典型做法——激怒，带领他的主力出击，马西尼萨缓慢撤退，把迦太基军队引到山脊南侧，

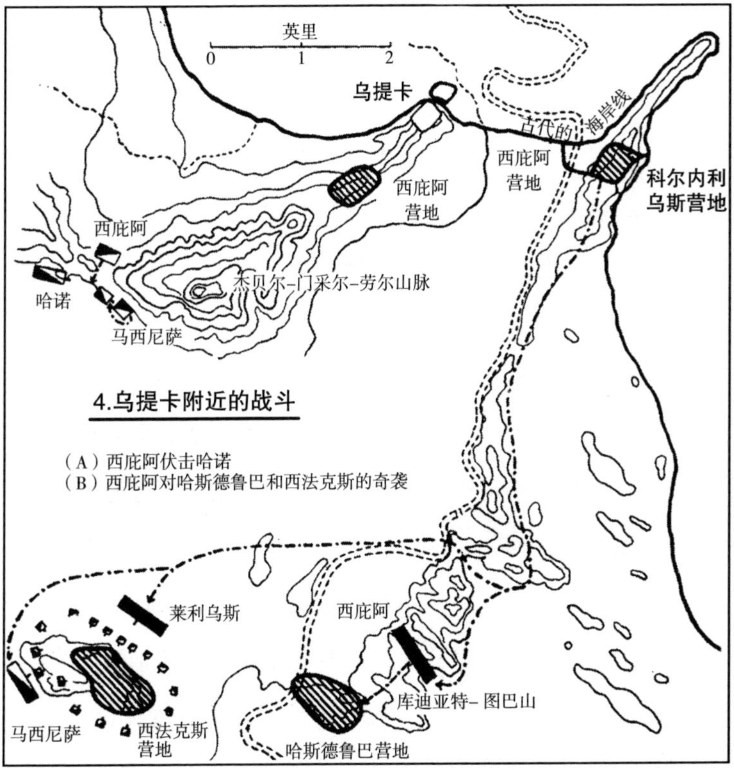
英里
0
1
2
乌提卡
古代的
海岸线
西庇阿
营地
西庇阿
营地
科尔内利
乌斯营地
西庇阿
哈诺
马西尼萨
杰贝尔–门采尔–劳尔山脉
4.乌提卡附近的战斗
（A）西庇阿伏击哈诺
（B）西庇阿对哈斯德鲁巴和西法克斯的奇袭
莱利乌斯
西庇阿
库迪亚特–图巴山
马西尼萨
西法克斯
营地
哈斯德鲁巴营地

使其经过隐藏着罗马骑兵的山谷。时机成熟时，西庇阿的骑兵现身，并包抄了哈诺骑兵的两翼和后方，同时，马西尼萨调头从正面进攻。哈诺的前锋一千人被全歼，剩余部队中又有两千人在猛烈追击下被俘或阵亡。

这次胜利后，西庇阿在乡村里扫荡了七天，将牲畜和物资搜刮一空，制造出一个广阔的毁灭地带，作为抵御攻击的屏障，以保证供给和自身的安全。他集中精力围攻乌提卡，希望将之作为自己的行动基地。然而，乌提卡注定不会成为第二个卡塔赫纳。
128 尽管西庇阿的攻势结合了海陆两栖攻击，但这个要塞还是在他所有的努力和谋略下坚持了下来。

此时哈斯德鲁巴已经集结了三万名步兵和三千名骑兵，但他想到在西班牙的失败不禁心有余悸，在得到西法克斯的援兵之前不敢冒险前往乌提卡解围。当后者最终率领据说有五万名步兵和一万名骑兵的军队到达时，这一威胁迫使西庇阿在围城四十天后撤围。面对如此庞大的敌军集结，西庇阿的处境肯定很危险，但他安然无恙地脱身，并在一个以狭窄的地峡与大陆相连的小半岛上筑起过冬的营地，它位于乌提卡东部，即靠近迦太基的一侧，也就是位于任何救援部队的侧翼，后来这里得名科尔内利乌斯营地（Castra Cornelia）。敌人在往东大约七英里处扎营，掩护着通往巴格拉达斯河的道路。

如果说西庇阿在阿非利加的登陆与古斯塔夫在德意志的登陆有相似之处的话，那么他们在敌人土地上第一阶段的行动更是如出一辙。对那些不是军事评论家的人来说，这两场战役与他们所宣称的目标相比，规模似乎有限。两位统帅都被批评过于谨慎， 129
如果不是说犹豫不决的话。而两者都被证明是正确的，不仅因为结果，军事科学也证明了这一点。西庇阿和古斯塔夫一样，出于不可控的因素，无法使手段匹配目标，他们表现出了罕见的战略素质——根据现有手段调整终极目标。他们的战略预示着拿破仑的格言："战争艺术的全部就是先做合理而周密的防御，然后再进行快速、大胆的进攻。"两人都首先设法为进攻奠定基础，然后获得一个安全的行动基地，在那里他们可以蓄力，来确保最终的胜利。

古斯塔夫被公认为古典世界的优秀继承人：他在 1630 年的策略也许是有意识地运用西庇阿之法？古斯塔夫的战役也不是历史上唯一可与西庇阿的战役相媲美的军事行动。1810 年威灵顿为牵制法军优势兵力，退守并构筑托里什韦德拉什防线①的行动，无论是从地形还是战略上，都很容易使人想起西庇阿在面对西法克斯和哈斯德鲁巴的军队集结时所采取的行动。

在这个安全的休整地，西庇阿整个冬天都在为来年春天的战役积蓄力量和物资。除了在最初的征途中收获的谷物外，他还从 130
撒丁岛获得很多粮草，并从西西里得到大量新的衣物和武器。他的成功登陆，让与他交战的迦太基军队损失惨重，最重要的是，

① 托里什韦德拉什（Torres Vedras）防线，是指在拿破仑战争中，威灵顿在葡萄牙构筑的一条强大的防线。后来多引申为坚固的防线。

西庇阿驱散了未知带来的恐慌，在令人畏惧的阿非利加土地上，他以自己掌控的小规模力量，几乎兵临迦太基城门之下，将自作聪明的人的担心一扫而空——所有这些因素扭转了舆论，唤起了国家对他的充分支持。增援力量被派往西西里岛，这样，他就可以动用最初留在当地防御的军队，来加强自己的兵力。

但是，像往常一样，在努力增强本方实力的同时，他也没有忽视对敌方力量的削弱。他重启与西法克斯的谈判，“西法克斯对新娘的激情现在可能在无度的欢愉中消磨殆尽了”。不过，谈判结果让他很失望，因为西法克斯甚至提出要订立和平条约——迦太基军队撤离意大利，以换取罗马军队退出阿非利加；如果战争
131 打下去，他绝不可能背弃迦太基。这样的条约对西庇阿来说毫无用处，但他只是以一种适当的方式回绝了这些条件，以便为他的使节造访敌营提供借口。这么做是因为他已谋划出一个既能削弱敌军，又能先发制人化解其兵力优势的方案。他早些时候派去西法克斯那里的一些信使报告说，迦太基军过冬的临时营地几乎全是木制的，而努米底亚人的棚屋则是用芦苇和席子编织而成的，毫无秩序，也没有适当的间隙，甚至有许多都建在营地的围墙外。这一情报让西庇阿想到了放火烧营，趁乱奇袭敌军。

因此，在后来的使节中，西庇阿派了一些有经验的探子，挑选了几个百夫长装扮成官员的仆人。会谈期间，这些人漫步于西法克斯和哈斯德鲁巴的营地，记录道路和入口，研究营房的整体规划、营房之间的距离、岗哨与警卫的上岗时间和戒备手段。每

次出使时，西庇阿都会派遣不同的观察者，以让尽可能多的人熟悉敌人营地的情况。根据他们的报告，西庇阿确定西法克斯的营 132
地更易燃，更容易攻击。

随后他又派遣特使前往西法克斯那里，表示希望寻得和平。西庇阿指示使节，在自己提出的条件得到确切答复前不要回来，宣称现在是达成协议或诉诸战争的关键时刻。经过磋商之后，西法克斯和哈斯德鲁巴显然决定接受。于是，西庇阿进一步商定条款。第二天，他以一种合理的方式结束了休战，并告诉西法克斯，虽然他自己渴望和平，但其余的人都反对。通过这一方法，他获得了行动自由，但也没有违约。尽管这毫无疑问是在战争策略和阴谋诡计间走钢丝，西庇阿也尽可能地没有越界。

西法克斯对谈判破裂大为光火，立即与哈斯德鲁巴商量，决定采取攻势，尽可能在平原地带与西庇阿决战。然而，西庇阿已准备好进攻，一切已经就绪。即使在最后，他也试图迷惑和误导敌人，以使他的突然袭击更有成效。他向部队发出的命令是把乌提卡作为突袭目标；他动用了船只，将围城武器拖上船，好像打 133
算从海上攻击乌提卡，并派遣两千名步兵去占领一个可俯瞰全城的山丘。这一行动有双重目的——让敌人确信自己的计划是针对乌提卡的，以及牵制城市内的守备部队，以防止他们在自己出兵进攻敌方营地时杀向他的大本营。这样一来，他便能够节省兵力，集中大部分力量进行决定性打击，只留下少量士卒来守卫营地，而且他在实施突然袭击时，再一次没有忽视审慎原则。他把敌人的注意力引向了错误的方向。

大约中午时分，西庇阿召集手下最有才干、最值得信赖的军事护民官开会，公开了自己的计划。在会上，他还召集了曾经潜入敌军阵营的军官。“西庇阿仔细询问了他们，并对比了他们提供的关于营地道路和入口的情报，然后让马西尼萨来做决定，且听从了他的建议，因为马西尼萨对当地情况了如指掌。”接着，他命令护民官早点给军队提供晚餐，并在“休息”的乐声像往常一样响起后，带领军团出营。关于这一点，波里比阿增加了一
134 个有趣的说法：“罗马军团有个惯例，在晚餐时号兵会在将军帐篷外吹奏乐器，以此表明到了在几个哨位上布置守夜人的时候了。”

大约在第一班岗上岗之时，部队按行军顺序排好队，开始了他们长达七英里的行军。约在午夜时分，他们到达了敌营附近，两个敌军营地相距只有一英里多一点。随即西庇阿决定分兵，让莱利乌斯和马西尼萨带领所有的努米底亚军以及一半的军团士兵攻打西法克斯的营地。他先把两个指挥官拉到一边，要求他们谨慎，强调“夜袭时越黑暗，视线越不清晰，就越需要用技巧和谨慎来代替自己的眼睛”。西庇阿进一步指示他们，他会等到莱利乌斯点燃西法克斯的营地，再对哈斯德鲁巴发动进攻，为达到这一目的，他自己带的队伍将缓慢前进。

莱利乌斯与马西尼萨分兵两路，同时从两个方向对营地发起协同进攻——形成合围之势。马西尼萨派出了他的努米底亚军，

因为他们熟悉营地，可以封闭逃跑的各个出口。正如所预见的，
领头的罗马军队一点着火，大火立刻沿着第一排营房蔓延开来，135
很快，整个营地都烧着了，因为营房之间靠得很近，而且排与排
的间隙太小。

西法克斯的士兵以为这场大火是个意外，赤手空拳地逃出营寨，乱作一团。许多官兵在半睡半醒中死于营房里，一些人在疯狂逃往出口的时候被踩踏致死，而那些从火焰中逃出来的人措手不及，被候在营房门口的努米底亚军砍倒。

与此同时，在迦太基军队的营地里，士卒们被哨兵对另一个营地的火灾报告惊醒，看到火势很猛，就冲出兵营协助灭火。他们也认为这是场意外，而西庇阿的部队还有七英里之遥。这正是西庇阿所希望和预料的，他立刻扑杀了这些乌合之众，命令不得放走一人，以防其警告仍留在营地中的士兵。接着，他迅速向军营的大门发起进攻，由于混乱，大门无人把守。

这一计划的精明之处在于，他先攻打西法克斯的营房，利用
其一些营房在壁垒之外、容易接近的状况，从而创造了突袭防御 136
更为严密的迦太基营地大门的战机。

第一批冲入的士兵向最近的营房纵火，火势迅速蔓延至整个军营。混乱、毁灭的场景在这里再次上演，那些从大门逃出来的人，他们的命运落入罗马军队之手。“哈斯德鲁巴停止了一切救火的尝试，因为他现在已了解了情况，努米底亚军遭遇的灾难不像他们所想的那样是事发偶然，而是由于敌人的主动和勇敢。”

最后，哈斯德鲁巴仅带着两千名步兵和五百名骑兵夺路而逃，丢盔弃甲，很多人被刺伤或烧伤。哈斯德鲁巴带着小部队躲进了附近的城镇避难，但当西庇阿的追兵赶到时，鉴于居民们已生异心，他又继续逃往迦太基。西法克斯也逃出来了，他带的队伍可能较为庞大，撤到了距离很近的小城阿巴（Abba）中的一处筑垒阵地上。

辛那赫里布①的大军也未像哈斯德鲁巴和西法克斯的军队那样败得如此之快、如此之意外、如此之彻底。据李维记载，有四
137 万人不是被杀就是被大火烧死，约五千人被俘，包括许多迦太基贵族。这场可怕的灾难前所未见。波里比阿大概是从莱利乌斯和其他目击者那里得到消息的，形容道："整个地方充斥着哀号和慌乱的哭叫，满是带着恐慌、畏惧的奇怪噪音，最重要的是，熊熊大火压倒了一切反抗，其中的任何一样都足以让人心生恐惧，更何况是这些可怖事物的结合。再也找不出比这更大的灾难了，它比之前的任何灾难都可怕得多。因此，我认为在西庇阿的所有杰作中，这件是最绝妙的，也是最大胆的……"

在迦太基，这个消息引起了极大的惊慌和焦虑——哈斯德鲁巴撤退至此的目的是缓和畏惧情绪，防止任何形式的投降。现在需要他做出姿态，拿出坚定的表现。迦太基人曾希望，他们的军

---

① 辛那赫里布（Sennacherib，?～前681年），古代亚述国王，在位期间发起多场征服战争。按《旧约·以赛亚书》的说法，他在攻打犹太人都城耶路撒冷时失败了，被耶和华的使者杀死了十八万五千人，只能退兵。

队能在开春的战役中将西庇阿围困于乌提卡附近的海角，切断其海陆交通。发现局势出现了如此戏剧化的转折，他们从信心满满变为极度沮丧。在紧急商议中，迦太基元老院提出了三种不同的 138
意见：派遣特使到西庇阿处进行和平谈判；召回汉尼拔；招募新兵，敦促西法克斯和他们联手重新开战。由于哈斯德鲁巴以及巴卡家族一派的影响，最后一项动议不言而喻获得了通过。值得顺便一提的是，人们经常指责李维带有偏见，极端袒护罗马，但他在谈到第三个动议时，对这一“罗马式的坚定不移与勇敢面对逆境的精神”，明显流露出赞赏。

西法克斯和努米底亚人起初决定继续撤退，放弃战斗，撤回本国。然而，三个因素促使他们改变了主意，包括索福尼斯巴对西法克斯的恳求——不要放弃她的父亲和人民；迦太基使节的迅速到来；以及来自西班牙的四千名凯尔特佣兵的增援——这一人数被谣言夸大了，谣言很可能是主战派放出来的，四千人被说成一万人。因此，西法克斯告知前来的使节，他会与哈斯德鲁巴合作，并请他们检阅了首批抵达的新募来的努米底亚援军。通过积极的征召，哈斯德鲁巴和西法克斯能在三十天内再次上阵，他们 139
集结力量，在大平原上安营扎寨，他们拥有的作战兵力在三万至三万五千人之间。

西庇阿在利用最近的奇袭驱散了敌人的野战部队后，将注意力转向围攻乌提卡，以便获得他想要的安全基地，作为进一步行动的前奏。显然，西庇阿故意避免逼迫西法克斯撤退，因为这么做会使后者不得不做困兽之斗，如火上浇油。我们已指出了这一希望实现的基础，也说明了未达成目的的原因。关于西庇阿对军队的关心和深谋远虑，波里比阿提供了一则逸闻：“他同时还分配了战利品，但撵走了那些大赚了一笔的商人。因为最近的胜利使得士兵们对未来有美好的愿景，他们对现有的战利品不甚珍惜，所以愿意以极低价钱将之卖给那些商人。”

西庇阿在得知迦太基和努米底亚两军联手逼近的消息后，迅
140 速采取了行动。他领兵迎击，整个队伍轻装上阵，只留下一支小分遣队，以保持海陆围攻的假象——西庇阿显然认为，为解除新的威胁，速度是关键，在敌方将新部队淬炼出强悍的战斗力之前就要对之进行打击。第五天，他到达大平原，在距离敌营三英里半的山上驻扎。接下来的两天，西庇阿派兵骚扰敌人的前哨，以引诱他们出战。诱敌计划在第三天成功了，敌联军走出营房按战斗序列布阵。他们把精锐力量凯尔特伊比利亚人安排在中间，努米底亚人在左翼，迦太基人在右翼。“西庇阿简单地按照罗马惯例，安排青年兵在最前面，接着是主力兵，最后面的是老兵。”他把意大利骑兵部署在右翼，以应对西法克斯的努米底亚人，让马西尼萨的努米底亚军队在左翼，迎战迦太基骑兵。在第一轮碰撞中，敌人的两翼被意大利和马西尼萨的骑兵重创。西庇阿在哈斯德鲁巴和西法克斯提高其新兵的作战技能之前快速行军并先发制人，是相当正确的。此外，对阵双方中，一方因近来的胜利士气高昂，而另一方因最近的灾难变得沮丧了。

在中央位置，凯尔特士兵打得很坚决，他们知道，逃跑是徒 141
劳的，因为他们对这个国家一无所知；投降也不可能，从西班牙过来从军对抗罗马人是叛国行为。西庇阿应该是动用了二线和第三线部队——壮年兵与后备兵——作为机动预备队攻击凯尔特人的侧翼，而不是如惯例般直接增援青年兵。这样，在团团包围之下，凯尔特人被分割歼灭，他们的负隅顽抗让指挥官哈斯德鲁巴、西法克斯及大批逃兵脱身。哈斯德鲁巴和迦太基军队中的幸存者撤往迦太基城避难，西法克斯和他的骑兵退回自己王国的都城希尔塔（Cirta）。

夜晚的降临使屠杀停止，第二天，西庇阿派遣马西尼萨和莱利乌斯去追击西法克斯，他自己则扫荡周围的乡村，占领要地，准备进军迦太基。这引起了新的恐慌，但在面临考验时，迦太基人比平时更为坚定。赞成求和的声音很少，积极抵抗的措施得以
实施。城市做好了被长期围困的准备，加固和扩建防御工事的工 142
作继续进行。同时，迦太基元老院决定派出舰队，进攻在乌提卡的罗马海军，试图解围，并做出了下一步要召回汉尼拔的决定。

西庇阿为了减轻运输负担，把战利品送到了他在乌提卡附近的营地，随即抵达并控制了突尼斯城，尽管该城很坚固，但他几乎没有遭到抵抗。突尼斯城距离迦太基城只有十五英里，因而可以被清楚地观察到，正如波里比阿所描述的，“在西庇阿看来，此举能最有效地震慑迦太基人，使其陷入恐慌”——他再次打击对方的斗志。

然而，刚完成这一调动，哨兵就发现迦太基舰队驶过这里。西庇阿清楚地意识到了迦太基人的计划及其危险性，因为他知道，自己的船只要么装载着攻城器械，要么已被改装成运输船，并没有做好打海战的准备。他毫不犹豫地做出规避威胁的决定，强行军返回乌提卡。因为没有时间清理船只以采取行动，所以西庇阿就着手安排将军舰于近海下锚，用四排首尾相连的运输船组
143 成一堵浮动城墙，以作防护。运输船之间设有跳板，以便部队自由行动，这些跳板组成的桥的下方留有狭窄的通道，小型巡逻艇可以出入。随后，西庇阿挑选一千精兵登船，他们几乎个个武装到牙齿，尤其装备了大量投射类武器——这是一个有趣的现象，预示了现代战争中增强防御火力以替代人力的战术理念。

这些紧急措施在敌人发动进攻前顺利完成了，这也多亏了迦太基舰队航行缓慢，以及他们未在开阔海域展开延误了战机。因此，迦太基人被迫以攻击城墙的姿态，应对罗马舰队出人意料的阵形。由于运输船的甲板更高，迦太基军队只得仰攻，因此他们数量上的优势被部分抵消了，而罗马军队则相反，他们通过从更高的高度投射武器获得了额外的动能和准确度。但是，派遣巡逻船和轻型船穿过船舶的间隙去骚扰迦太基舰队的计划——显然这是西庇阿从战术的角度进行的改进——没有起到效果，而且事实上扰乱了防御。因为他们在去袭击驶近的战船时，被对方的冲击
144 和体量压制住了，到后来渐渐与迦太基的战舰混在了一起，妨碍了运输船投射火力。

迦太基军队在正面攻击中被打退，他们尝试了新的方法，把末端有铁钩的长杆投掷到罗马军的运输船上，而这些长杆的另一头被以铁链固定在本方船只上。如此，连接运输船之间的扣件被拉断了，许多运输船被拖走，驻守在船里的士兵几乎没有时间跳回到第二排船上。攻破第一排船组成的战线就招致如此激烈的反抗，迦太基军队只好满足于这点成就，向迦太基城返航了。他们拖走了六艘被俘的运输船，尽管毫无疑问还有更多船只遭到破坏，漂浮在海上，被罗马人放弃了。

在此受挫的同时，迦太基人的希望在另一处也被打破了。西庇阿派出部队追击西法克斯，实现了他的目标，并最终砍掉了迦太基势力在阿非利加的支柱。这次胜利更进了一步，西庇阿因此获得了他期望已久的努米底亚的人力资源，他需要用其扩充军力，这样便有足够的力量来实现致命的一击。

莱利乌斯和马西尼萨紧跟着西法克斯，行军十五天后抵达马 145
西利亚（Massylia，马西尼萨的世袭王国，之前他被从这里驱逐），并赶跑了西法克斯在那里的驻军。西法克斯向东方的更远处退去，回到了自己的领地马塞西利亚（Massaesylia），即现在的阿尔及利亚。在妻子的激励下，西法克斯在那里利用王国丰富的资源组建新的军队。他开始按照罗马模式组织军队，像历史上许多军事方面的抄袭者一样，他以为模仿罗马军团做些表面文章就能取得成功。他的兵力足够庞大——实际上跟他以往的兵力一样多——但这些士兵都没有经验，且毫无纪律性。他带着这样的

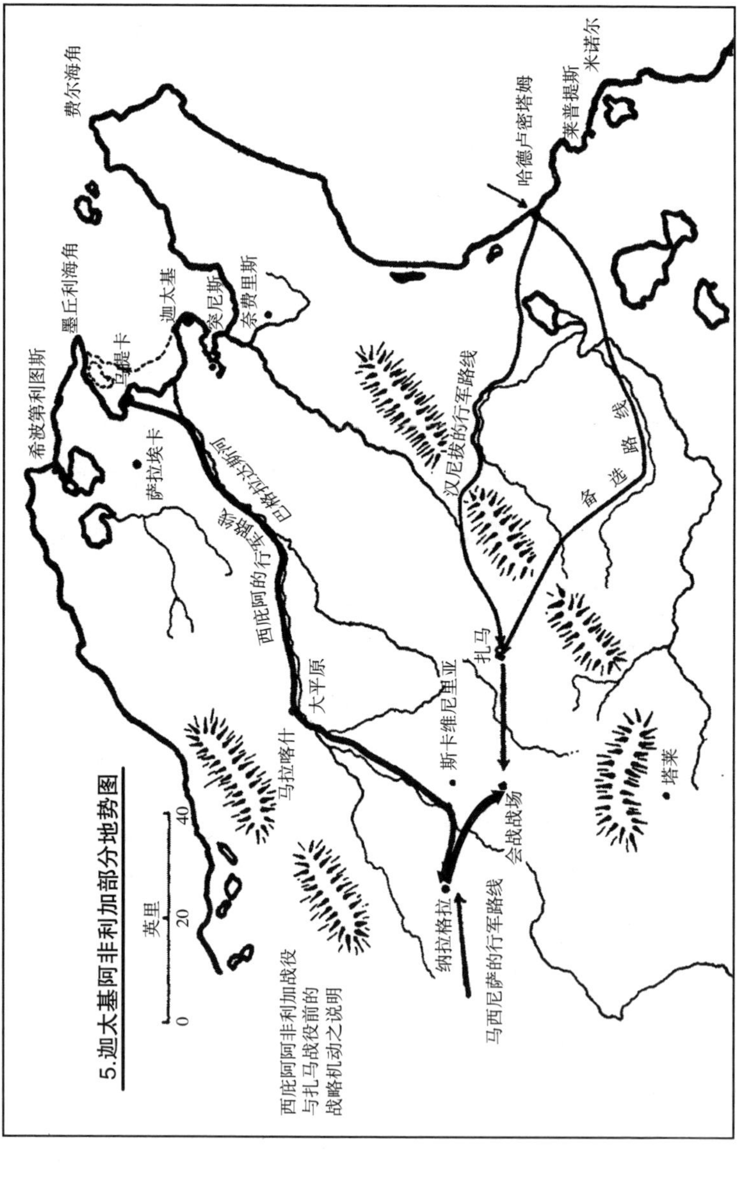

5.迦太基阿非利加部分地势图

军队前去迎击莱利乌斯和马西尼萨。在双方骑兵的第一轮交锋中，西法克斯的军队在数量方面占了上风，但当罗马步兵增援他们的骑兵时，其优势就消失殆尽了，不久之后，缺乏经验的军队就溃败了，士兵各自逃生。这场胜利的基础是严格的训练和纪律，而非在西庇阿指挥的战役中常见的巧妙策略。考虑到一些历史学家不失时机地暗示，西庇阿的成功更多要归功于他能干的副手而非其本人，这一点是值得注意的。

看到自己的军队溃散之后，西法克斯策马冲锋在前，使自己 146
陷于险境，以此激发士兵的羞耻心，继而进行顽强抵抗。在这次英勇的尝试中，他摔下马来当了俘虏，被拖到莱利乌斯面前。正如李维所说："这是一个精心设计的场景，让马西尼萨倍感欣慰。"战斗结束后，马西尼萨表现出了良好的军事意识和判断力，他对莱利乌斯坦言，他十分想去看看自己失而复得的王国："相对逆境，顺利时更不应该浪费时间。"因此，他请求带领骑兵出征西法克斯的都城希尔塔，莱利乌斯率步兵随后。征得莱利乌斯的同意后，马西尼萨押着西法克斯前行。一到希尔塔城下，他就召集城中要人们，要求他们到场，但遭到拒绝；直到他把戴着镣铐的西法克斯给他们看，心惊胆战的人们才打开城门。马西尼萨派出护卫队，策马飞奔去占领宫殿，正好撞上了索福尼斯巴。这个女人的美貌和带来的灾难都可与海伦（Helen）和克利奥帕特拉（Cleopatra）相比。她狡黠地迎合马西尼萨的骄傲、怜悯和热情，于是不仅获得了不把她交给罗马人处置的承诺，而且

“由于努米底亚是一个极度多情的民族，马西尼萨倒成了自己女
147 俘的奴隶”。在她离开后，马西尼萨不得不面对一个问题：怎样兼顾自己的职责和诺言。在激情之下，他想出一个钻空子的办法——当天就跟这个女人结婚。莱利乌斯赶到时非常恼火，一开始差点把索福尼斯巴从婚床上拖下来，和其他俘虏一起送到乌提卡的营地，但后来他的态度软了下来，同意由西庇阿裁决此事。于是，两人着手清剿依旧有西法克斯的军队驻守的努米底亚城镇。

当俘虏们抵达西庇阿的营地时，领头的西法克斯还戴着镣铐，士兵们蜂拥而出，观看这场好戏。这与几年前相比真是有天壤之别！现在，他是一个囚徒；而当时，他是一位强大的统治者，制约着力量的平衡。那时，为了得到他的友谊，西庇阿和哈斯德鲁巴同时登门拜访，两人对其支持的需求是如此迫切，以致都屈尊于他的权力之下。

这个念头显然掠过了西庇阿的脑海，他也回忆起了昔日友情，并动了恻隐之心。他询问西法克斯，究竟是什么动机促使他违背了与罗马人结盟的誓言，无缘无故地向罗马开战。西庇阿的举动让西法克斯有了勇气，他回答说，他这样做是发疯了，但拿
148 起武器已经是他疯狂的顶点，而不是开始，其开端可以追溯到他和索福尼斯巴结婚。“那个复仇女神和害人精”使他着迷，蒙蔽了他的双眼，使他陷入毁灭。虽然他已经失败了、完蛋了，但他声称，看到她向自己的头号敌人抛去致命的诱惑，他也感到些许

安慰。

这些言辞让西庇阿大为焦虑，因为他感受到了索福尼斯巴的影响力，以及马西尼萨仓促的婚礼对罗马大计的威胁。她已经让一个努米底亚人神魂颠倒，那么很可能也会使另一个误入歧途。不久之后，莱利乌斯和马西尼萨到了，西庇阿并没有在公开的寒暄中表露自己的态度，而是高度赞扬了两人的工作成效。但是，他很快在私下里把马西尼萨拉到一边。西庇阿与这个有过失者的交谈充满了智慧，并迎合了其心理上的诉求。“马西尼萨，你在西班牙初次投奔我，同我建立了难忘的友谊，这是因为你在我身上看到了一些优秀的品质，正因如此，后来在阿非利加，你又把全部希望寄托在我身上。但是，在所有那些值得你尊敬的美德中，最让我自豪的莫过于自律和控制自己的感情。”然后，他指出了缺乏自控带来的危险，接着说道：“我刚刚高兴地提及、愉 149
快地记起你在我缺席时所展现的刚毅与勇气。至于其他事情，我宁愿你私下自我反思，而不是让我说出来使你脸红羞愧。”他最后提醒马西尼萨应有责任感，然后打发他走了。虽然责备可能会使马西尼萨变得强硬，但这样友好的请求却让他崩溃了，他痛哭流涕，回到自己的帐篷里。在那里，他进行了长时间的心理斗争，然后派人找来一个值得信赖的仆人，吩咐他把一些毒药倒进杯子里，端到索福尼斯巴那里去，还让他带去口信：“马西尼萨很乐意履行一个丈夫对妻子的首要义务，可是行使这一权利的自由被那些有权者剥夺了。因此，他现在想要实现他的第二个诺言——不能让她活着落到罗马人手中。”当仆人来到索福尼斯巴面前时，她说：“我收下这份结婚礼物，如果我的丈夫不能给我更好的，这也不算坏。不过，请告诉他，若非婚期与死期如此接近，我本可以更欣慰地赴死。”然后，她不动声色地把杯子里的毒药一饮而尽。

150 西庇阿一听闻此消息，便开始担心这个情绪化的年轻人在悲痛欲绝时会做出一些不顾一切的事来，“他马上命人找到他，然后一边尽力安慰马西尼萨，一边轻言细语地开导他说，千万不要用一种鲁莽的行为去赎另一件鲁莽行为的罪孽，那会造成更大的不必要的悲剧”。

次日，西庇阿精心策划，来迎合马西尼萨的野心和骄傲，试图将这一悲伤从马西尼萨的脑海中抹去。他组织集会，先以国王的头衔向马西尼萨致敬，用最崇高的语言赞美他的成就，并赠给他金杯、象牙权杖、王座和其他荣誉的象征。“他进一步强调，在罗马传统中，‘凯旋式’是最高荣耀，罗马人从未将如此华美的凯旋装饰授予外邦人，唯独马西尼萨例外。这份殊荣的授予，更将马西尼萨的地位推向了顶峰。”这一举动，以及他将成为整个努米底亚主宰的这一梦想的激励，达到了预期的效果，马西尼萨在公众荣誉面前很快忘记了个人的伤痛。西庇阿同样竭力赞扬和奖赏了莱利乌斯，随后派他押送西法克斯和其他俘虏返回罗马。

第十章
和平不再

在阿非利加的政治基础稳固后，西庇阿返回了突尼斯，这一 151
次，因为近期的战事，他对敌人斗志的打击获得了成功。天平倾向对主战派不利的一侧，迦太基人派了三十名长老——地位在元老之上的长老会（Council of Elders）成员——前来乞求订立和平条约。根据李维的说法，他们一到西庇阿的面前，就以东方礼仪拜倒在地，他们的请求也表现出同样的谦卑。他们恳求西庇阿宽恕他们的国家，说由于其公民的鲁莽，国家已经两次濒临灭亡，他们希望祖国能再次因敌人的宽容而获得保全。这一希望是基于，他们知道罗马人的目的是统治，而不是毁灭，他们宣称将接受他们认为合适的任何条件。西庇阿回答说："他是带着希望
来阿非利加的，他的成功又增强了这种希望，他应带着胜利回 152
家，而不是和平条约。然而，尽管胜利几乎唾手可得，但他不会拒绝和解，这样一来，所有国家都会知道，罗马人开战是正义的，结束战争也是正义的。"

他提出的条件是：放还所有俘虏和逃兵；迦太基军队撤出意大利、高卢和全部地中海岛屿；放弃对西班牙的所有主权；除保留二十艘战舰外，交出其他所有战舰；还需要相当数量的粮食和金钱赔偿，但数量没有大到让迦太基人无法承受。他给他们三天

时间来决定是否接受这些条件，并补充说，如果迦太基方面接受，就来与他签订休战协定，再派遣特使到罗马的元老院。

这些条款十分合理且节制，尤其是在西庇阿于军事上获得完胜的前提下。这不仅证明了西庇阿灵魂的伟大，也表现出其政治远见的超凡。结合他在扎马战役后类似的温和态度来看，可以毫不夸张地说，西庇阿完全领悟了今天的世界中正出现的一种意识——无论是战争时期还是和平时期，国家的真正目标都是实现更完美的和平。战争是这一政策受到威胁的结果，进行战争的目
153 的是消除这种威胁，并通过削弱敌对国家的意志，使其“改变这种不利于我们的意志，使之符合我们的政策，我们越快、越划算地用生命和金钱做到这一点，就越有可能在最广泛的意义上实现国家的持续繁荣。因此，一个国家在战争中的目的，就是要以最少的人员伤亡和经济损失来压制敌人抵抗的意志”。[1] 历史的教训，尤其是近期历史的教训，使我们能够推导出这一公理：“军事上的成功本身并不等于战争上的胜利。”至于和平条约，其“内容必须是合理的；因为强迫一个战败的敌人同意他不能履行的条款，就等于播下了战争的种子，为了毁约，战争总有一天会爆发”。[2] 那只剩一种选择——灭绝。蒙森是这样评论西庇阿的温和态度的：这些条件“似乎对迦太基特别有利，这就产

① “Paris, or the Future of War,” by Captain B. H. Liddell Hart, 1925. ——作者注

② “The Foundations of the Science of War,” by Colonel J. F. C. Fuller, 1926. ——作者注

生了一个问题，西庇阿这么做是为了他自己的利益，还是为了罗
马的利益”。一个以自我为中心、追求声望的人，肯定会延长战 154
争，以一次引人注目的大捷结束争端，而不是通过接受协议实现黯淡无光的和平荣耀。但蒙森的暗示及判断并不符合西庇阿在扎马战役后类似的宽容态度，即便他遭到了条约被撕毁的极端挑衅。

迦太基人接受了这些条件，遵循第一项条款，派遣使节到西庇阿处签订休战协定，也到罗马去议和，并带上了一些战俘和逃兵作为外交保证。但之后，主战派再次占据了上风，他们把准备接受和平谈判作为幌子和争取时间的手段，紧急召唤汉尼拔和马戈返回阿非利加。马戈注定看不到自己的祖国，因为他刚刚在一场没分出胜负的战斗中负伤，当其运输船队经过撒丁岛时，伤重身亡。

汉尼拔对召他回国是有心理准备的，已经提前准备好船只，并将其军队的主力撤回港口，只留下他最弱的部队在布鲁提诸镇（Bruttian towns）驻守。据说，从未有流亡者告别故土时表现出的悲痛甚于汉尼拔离开敌国土地之际，他因未能在刚赢得坎尼战
役时就带领军队攻打罗马而咒骂自己。“西庇阿，不去关注在意 155
大利的迦太基敌人，”他说，“却敢去攻击迦太基；而我自己，在特拉西美诺湖战役和坎尼战役中杀死十万人后，却在卡西利努姆（Casilinum）、坎尼和诺拉（Nola）损耗了力量。”

他离开的消息让罗马且喜且惧，因为元老院已经命令意大利

南部的指挥官们继续与汉尼拔作战，这样就可以让西庇阿在阿非利加布局的时候牵制住他。现在，他们觉得汉尼拔返回迦太基可能会重燃即将熄灭的战火，危及西庇阿，整个战争的重担将落在西庇阿一人身上。

当莱利乌斯抵达罗马，在喧嚣的庆祝场景中，元老院就已经决定莱利乌斯应该留下来，直至迦太基人的特使抵达。元老院与马西尼萨的使节互相祝贺，元老院不仅确认了他那由西庇阿授予的国王头衔，而且还通过代理人向马西尼萨赠送了荣誉礼品和通常为执政官提供的军事装备。元老们还答应了马西尼萨释放努米底亚俘虏的要求，这是一种政治手段，马西尼萨希望借此加强对同胞的控制。

156 来自迦太基的使节到达后，他们在元老院里讲的话跟之前对西庇阿讲的差不多，把全部责任都推到了汉尼拔身上，并认为，就迦太基而言，第一次布匿战争结束后的和平并没有中断。因此，他们渴望继续维持同样的和平条件。随后元老院进行了一场辩论，结果意见分歧很大。一些人主张没有西庇阿的建议就不应该做出任何决定，另一些人则认为要立刻重启战争，因为汉尼拔的离开表明求和不过是缓兵之计。在征询莱利乌斯的意见时，他称西庇阿之所以对促成和平抱有希望，是基于迦太基人保证不会从意大利召回汉尼拔与马戈。元老院未能做出明确决定，于是推迟了讨论，不过波里比阿说，后续讨论重开，协议最终获得批准。

然而与此同时，阿非利加的战火已经重燃，休战协定被撕毁

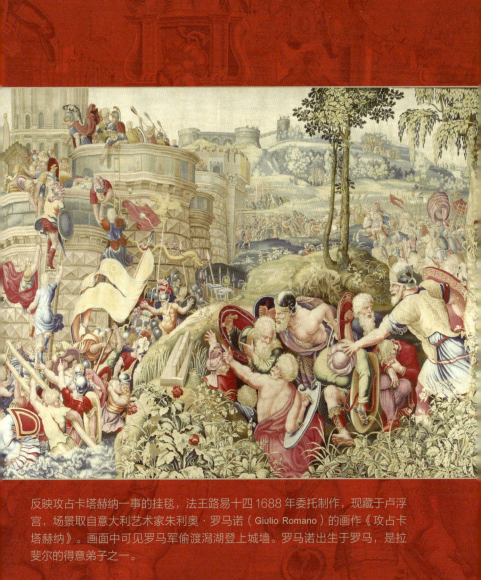

反映攻占卡塔赫纳一事的挂毯，法王路易十四 1688 年委托制作，现藏于卢浮宫，场景取自意大利艺术家朱利奥·罗马诺（Giulio Romano）的画作《攻占卡塔赫纳》。画面中可见罗马军偷渡潟湖登上城墙。罗马诺出生于罗马，是拉斐尔的得意弟子之一。

“西庇阿的宽容”是西方画家最常绘制的有关西庇阿的作品主题。本画由法国艺术大师尼古拉·普桑（Nicolas Poussin）所作。坐在前景左边、高出他人的是西庇阿，他将女俘放还给她的未婚夫。在西庇阿身后，有女子给他戴上月桂花环，褒扬他的善意与宽容。画中的西庇阿是蓄须的希腊风格，暗示了西庇阿对希腊文化的喜爱。

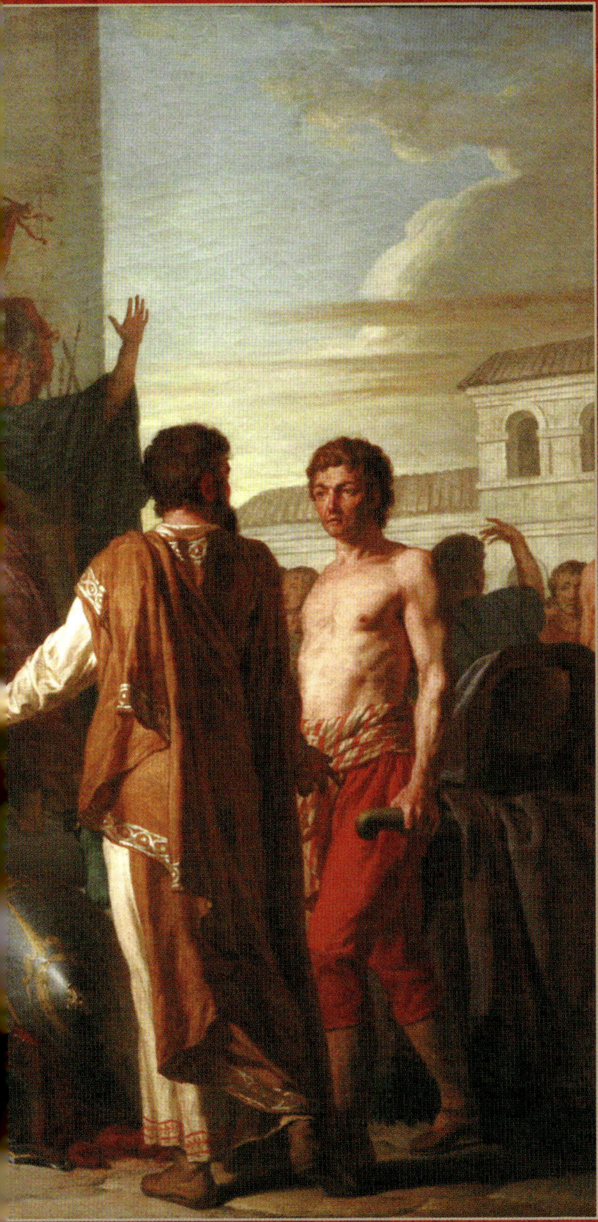

本作由法国画家尼古拉－居伊·布勒内（Nicolas-Guy Brenet）所绘，现藏于法国斯特拉斯堡美术馆。布勒内师从洛可可大师弗朗索瓦·布歇（Francois Boucher），但后来放弃了浮华的洛可可风格，向普桑的古典格调靠拢。本画创作于1788年，可以看到普桑的影子，画面清晰简洁，和谐庄重。

本作由意大利威尼斯画派画家塞巴斯提亚诺·里奇（Sebastiano Ricci）绘制，约作于1706年，现藏于芝加哥艺术博物馆。与偏向古典主义、精于构图的普桑不同，属于威尼斯画派的里奇更强调色彩运用，观者可以体会之间的区别。

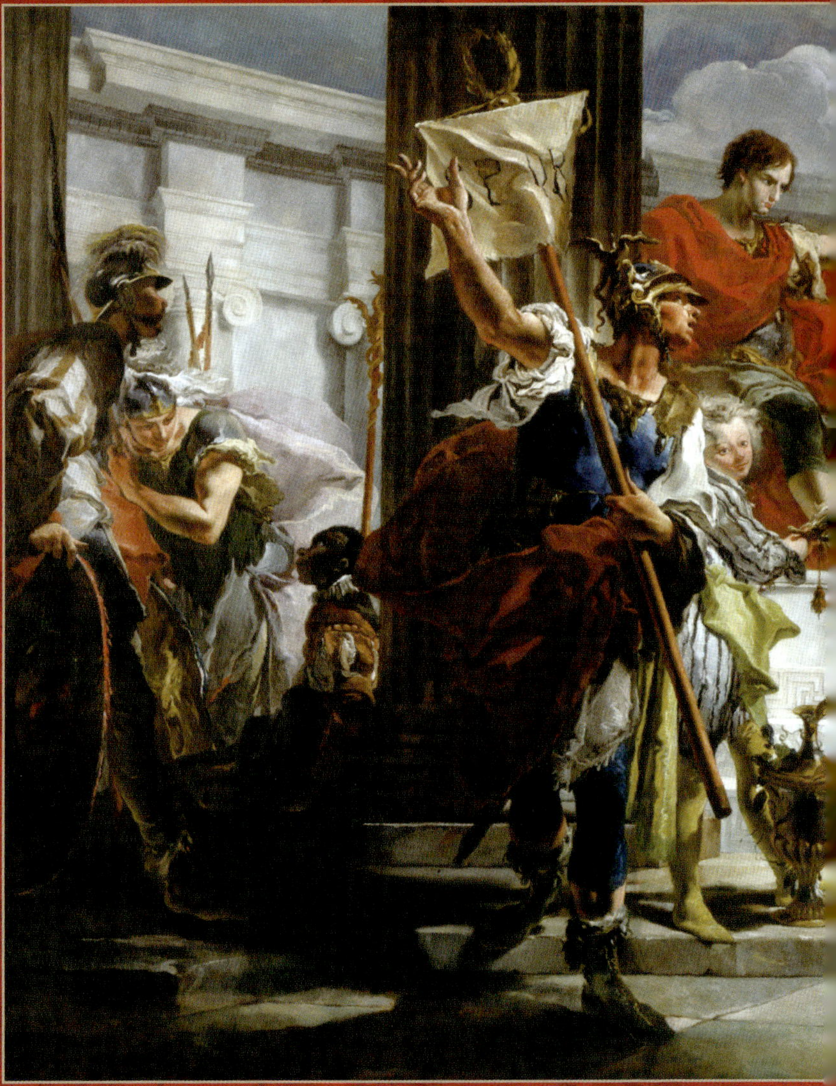

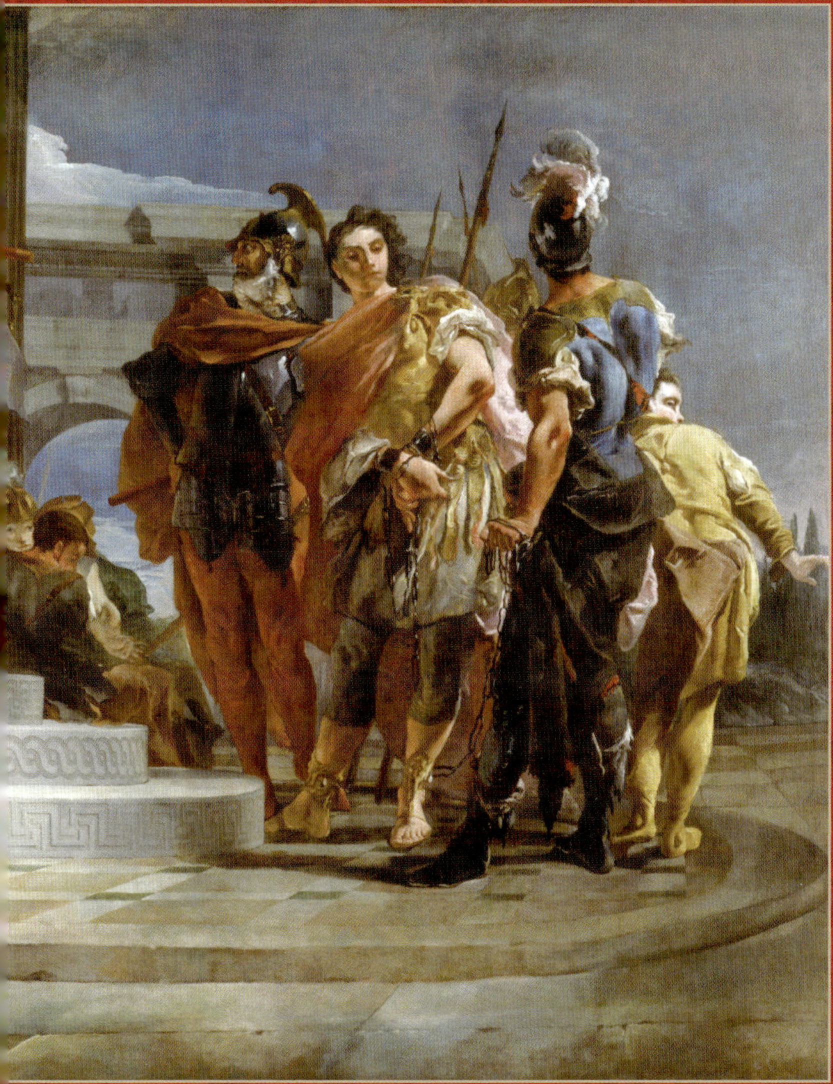

本作是意大利艺术大师乔凡尼 · 巴蒂斯塔 · 提埃坡罗（Giovanni Battista Tiepolo）绘制的巨幅历史画。画面中位于高处的西庇阿着红色披风，手握权杖，伸出手臂，将观众的视线带向马西瓦。西庇阿看上去很严肃，责备马西瓦不该与罗马为敌。提埃坡罗的风格是注重光照，色彩绮丽，人物形象清新明亮，这些在本作中都有所体现。

本画由意大利巴洛克艺术家卢卡·费拉里（Luca Ferrari）作于17世纪40年代。在得知被新婚丈夫马西尼萨出卖后，索福尼斯巴镇定地喝下马西尼萨派人送来的毒酒，自尽身亡。索福尼斯巴这位古典世界著名美人的悲情事迹，一直是西方艺术家喜欢描绘的主题。

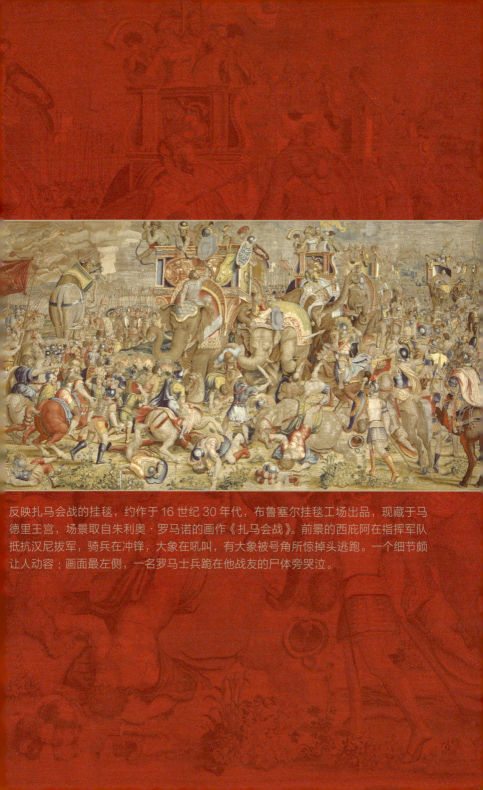

反映扎马会战的挂毯，约作于 16 世纪 30 年代，布鲁塞尔挂毯工场出品，现藏于马德里王宫，场景取自朱利奥 · 罗马诺的画作《扎马会战》。前景的西庇阿在指挥军队抵抗汉尼拔军，骑兵在冲锋，大象在吼叫，有大象被号角所惊掉头逃跑。一个细节颇让人动容：画面最左侧，一名罗马士兵跪在他战友的尸体旁哭泣。

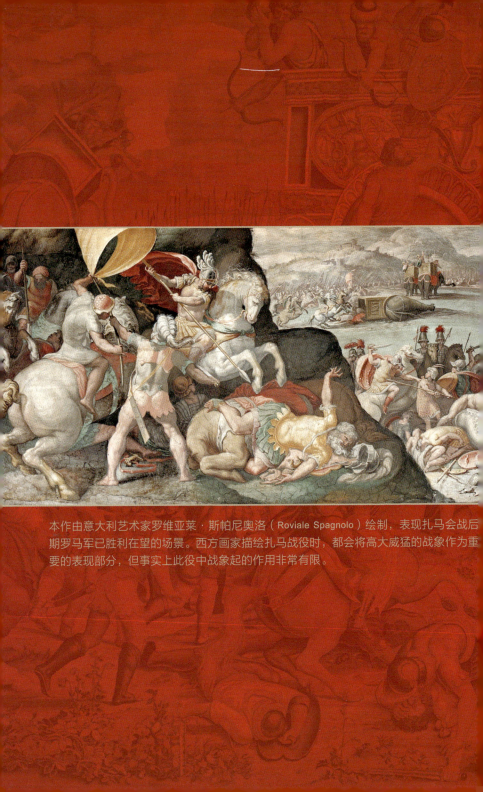

本作由意大利艺术家罗维亚莱·斯帕尼奥洛（Roviale Spagnolo）绘制，表现扎马会战后期罗马军已胜利在望的场景。西方画家描绘扎马战役时，都会将高大威猛的战象作为重要的表现部分，但事实上此役中战象起的作用非常有限。

了。在迦太基使节前往罗马的途中，罗马方面从撒丁岛和西西里给西庇阿派来了新的援军，送来了新的补给。前者安全抵达，但来自西西里岛的两百艘运输船在接近阿非利加时遭遇了一场飓风，尽管战船艰难地驶入了港口，但运输船还是被吹向迦太基 157
城，其中大部分被吹向距迦太基湾三十英里远的阿格姆卢斯岛（island of Ægimurus），其余的船不得不驶至城市附近的海岸。这一景象使公众极度兴奋，人们叫嚷着不能错过如此巨大的战利品。在亢奋的民众仓促举行的大会上，大家一致同意让哈斯德鲁巴带着一支舰队赶往阿格姆卢斯岛，夺取运输船。船只被虏获后，那些冲上迦太基附近海岸的船被拖下水，带进港口。

西庇阿一听说这起违反休战协定的事，就派了三名使节到迦太基去处理这件事，并通知迦太基方面，罗马人已经认可了条约；因为西庇阿刚刚收到相关消息的急件。使节们在发表了一番强烈的抗议演说之后，传递了这样的信息："虽然罗马人有理由施加惩罚，但他们以人类命运的名义，请不要将此事推到如此地步，以迦太基人的愚蠢见证罗马人的慷慨。"然后，使节们退出，让元老 158
院进行商议。怨恨使节们大胆的言辞、不情愿放弃船只和补给、汉尼拔近在咫尺的援助带来的新的信心，这些因素结合在一起，使局势对主和派不利。他们决定对此不予理睬，把这些使节打发走。使节们在抵达时差点没能从公众的暴力中脱身，所以他们返回时得到护送，最后配给他们的是两艘三列桨战舰。如此让主战派领袖心生一计，即谋划一件使条约破裂且无可挽回的大事。他们派哈斯德鲁巴——当时他的舰队停泊在乌提卡附近的海岸——带着一些战舰在罗马营地附近设伏，准备击沉使节的船只。根据命令，护航的指挥官们一看到罗马军营，就与使节换乘的罗马五列桨战舰分开了。使节的战舰还没来得及进港，就遭到了三艘迦太基四列桨战舰的袭击。跳帮的尝试被击退了，船员们，或者更确切地说，幸存者们，让船冲上岸才保住了性命。

这一卑鄙的行为迫使西庇阿重新行动起来，这将是最后的较量。立即对迦太基发起正面攻击是不可能的，这意味着一场长期的围攻。而在汉尼拔即将到来的情况下打攻城战是疯狂的举动，
159 因为汉尼拔可能会威胁他的后方，切断他的交通线。西庇阿自己的处境也不妙，因为他不仅损失了来自西西里的补给和援军，而且马西尼萨与他麾下罗马军的一部——十个步兵大队——眼下也不在。临时条约一缔结，马西尼萨就立即动身前往努米底亚，收回他自己的王国，并在罗马人的帮助下吞并了西法克斯的国家。

休战协定被撕毁后，西庇阿一再给马西尼萨去急信，告诉他要召集尽可能强大的部队，尽快回到自己身边。然后，他采取措施保护手下舰队，把罗马军大本营的指挥权交给了之前派往迦太基的使节巴埃比乌斯（Bæbius），自己则开始向巴格拉达斯山谷进军，旨在孤立迦太基，切断从内陆来的所有补给和增援，削弱其力量，将之作为从正面进攻迦太基的前提，这再次体现了他的审慎原则。在行军途中，他不再接受城镇的主动归顺，而是用武力攻占城镇，并将其居民贩卖为奴——以此来表达他的愤怒，以及

向迦太基方面传达背约的后果。

在这一“入侵”（approach）——不仅是字面意思，而且是事实——的行军过程中，从罗马返回的使节抵达了海军营地。巴 160
埃比乌斯立刻把罗马使节派往西庇阿处，却扣留了迦太基人，迦太基人听说了发生的事情，情绪沮丧，忧惧自己的命运。但值得称赞的是，西庇阿拒绝因自己的使节遭到虐待而报复他们。“他知道自己民族对信守使节承诺的行为相当看重，所以他考量的是罗马人的义务，而非迦太基人应得的赏罚。所以他抑制住自己的恼怒和怨恨，坚持了俗话所说的‘我们祖先的光荣传统’。”他命令巴埃比乌斯以全套礼数对待迦太基使节，并送他们回家。“结果是，他以自己的慷慨回应他们的卑鄙，羞辱了全体迦太基民众以及汉尼拔本人”（波里比阿）。

西庇阿以如此作为表达了他对战争中的伦理目标及其价值的理解。无论在战争时期，还是在战争结束后的和平时期，理性的骑士精神都是一种财富。明智的骑士精神不应与以下堂吉诃德式
的行为混为一谈：拒绝利用战略或战术优势、放弃出其不意这一 161
至高的精神武器、将战争视若网球比赛般儿戏。此类愚行的典型代表就是丰特努瓦战役中的滑稽场面——“法兰西的绅士们，请先开火。”① 这简直是愚蠢。还有一种传统的倾向认为，使用

① 丰特努瓦战役于1745年5月11日发生在今比利时境内，是奥地利王位继承战争中的主要战役，是役法军大胜英荷联军。在战斗中，双方均以“骑士精神”为由，请对方先开第一枪，当然实际上也有对最佳冲锋时机的考量。

新式武器是“打人裤裆”，不管其与现有武器相比人道与否。因此，德国人称使用坦克是一种暴行，就像我们现在对使用毒气的态度一样[①]——中世纪的骑士也这么说火器，因为这妨碍他们毫发无损地屠戮手无寸铁的农民。然而，在任何一场战斗中，当枪械取代战斧和刀剑时，战斗人员死亡率下降的幅度，与毒气取代炮弹和子弹时是一样的。这种对新武器的排斥只是保守主义，而不是骑士精神。

但在西庇阿的例子里，骑士精神是理性又富有远见的，因为它赋予拥有它的一方以优越感，而让欠缺它的一方产生自卑情结。精神上的优越感会对物质领域产生影响。

如果说西庇阿这种具有骑士风度的行为在一定程度上是他深思熟虑的结果，这显然也符合他的本性，因为从他早期在西班牙的为人来看，这不是在演戏。正如在战争中，我们不能把道德与
162 精神或物质分开一样，在评价一个人的本性时也是如此。在西庇阿的整个军事生涯中，他高尚的道德行为与他超然、清晰的思想远见是不可分的，这些因素的结合不仅使他成为一个伟大的将军，也成为一个伟大的人。

在此之前的某个时间点，大概是在撕毁休战协定的那段时间里，汉尼拔带着二万四千人在莱普提斯（Leptis）——位于今天的哈马马特湾（Gulf of Hammamet）——登陆，然后转移到哈德

① 这里指在第一次世界大战中，英国率先开发、使用坦克，而德军首次将化学武器用于战场。

卢密塔姆（Hadrumetum）。他在这里停留,[①] 补给他的军队，并立即传话给“被认为拥有阿非利加最好的骑兵”的努米底亚酋长提凯乌斯（Tychæus），请求他一道拯救局势。提凯乌斯是西法克斯的亲戚，汉尼拔试图利用他的恐惧，指出如果罗马人赢了，到时他就会因马西尼萨的贪婪而失去他的统治权和生命。因此，提凯乌斯应声带了两千名骑兵而来。这次增援受到欢迎，因为汉尼拔已经失去了他在骑兵方面的优势，而骑兵是他制胜的武器。此外，汉尼拔亦很快得到了来自利古里亚的一万两千名马戈 163
的士兵，这在他的预料之中，这支高卢人组成的军队在被召回前的最后一战中表现出良好素质；还有一大批从阿非利加新征来的士兵，这伙人的质量就不那么可靠了。此外，据李维的说法，马其顿的腓力国王前不久还派遣了四千人来帮助迦太基。

一旦这支部队抵达迦太基城，并能依托这一要塞进行作战、获取增援，那形势就会大大有利于汉尼拔。相比之下，西庇阿的大部分给养和援军遭到劫掠，他被孤立在敌人的土地上，他的部分兵力被马西尼萨带走了，而后者能招募到怎样的部队还是个未知数。

思考一下这些情况是有必要的，因为它们纠正了常见但错误的历史印象。此时，汉尼拔胜券在握，正如李维和波里比阿记载的，双方都城里人们的情绪正是对这一事实的真实反映。

---

① 李维说只停留了几天时间，波里比阿则未明确记载，但从已知的因素来看，停留的时间要更长一些，因为等提凯乌斯的骑兵到达，以及其他迦太基军队与之会合的时间是省不了的。——作者注

第十一章
扎马

164 即使在这个紧要关头，罗马元老院内对西庇阿的嫉妒依然很普遍。一直以来，他的支持者源于人民，而不是元老院里那些军事上的对头。执政官们未能在意大利牵制住汉尼拔，帮西庇阿打仗，在汉尼拔安全离开后，塞维利乌斯（Servilius）才向海岸推进。但在年初根据惯例决定行省的分配时，两位执政官都急切地想摘取西庇阿成功的果实，指望坐享其成。梅特卢斯再次尝试扮演保护神。结果执政官得令向部落[①]提出申请，应将问题交给公众，由他们决定让谁来指挥阿非利加的战争。于是，所有的部落都提名了西庇阿。尽管做出了这一显然受到大众欢迎的决策，执
165 政官们最后还是抽签决定了行省的分配，并说服元老院颁布相关法令。好运落到了提比略·克劳狄乌斯（Tiberius Claudius）头上，他获得了与西庇阿同等的指挥权，并率领由五十艘五列桨战舰组成的舰队发起远征。对西庇阿来说，幸运的是，这个由妒忌心激发的举动最后未能落实，因为克劳狄乌斯的准备工作迟缓拖拉，他最终出发时遇上了暴风雨，被吹到了撒丁岛。因此，他从未到达阿非利加。

很快的，随着关于阿非利加局势发生变化的消息逐渐传开，

① 部落（tribune），此处指罗马共和国的投票单位。

西庇阿的批评者与惯常的悲观主义者的消极情绪升腾起来。他们回忆起“不久前刚去世的昆图斯·费边曾预言这场较量将会多么艰难，他总是断言，汉尼拔在自己的国土上会是比在海外更可怕的敌人；西庇阿不得不面对的，不是缺乏纪律的野蛮人的国王西法克斯；不是西法克斯的岳父哈斯德鲁巴，那个最不晓得变通的将军”——这是费边对一个英勇无畏的人的诽谤；“也不是从一群装备粗劣的乡巴佬中匆忙召集起来的乌合之众，而是汉尼拔……他在胜利中日渐老成，在西班牙、高卢和意大利留下了载满成就的丰碑；他指挥的军队跟他一样老练，耐力超人、坚韧不 166
拔，被罗马人的鲜血浸染了千遍……”由于过去几年仗打得优柔寡断，罗马的紧张局势加剧了，这场战争沉闷地进行着，似乎没完没了，而现在，西庇阿和汉尼拔正准备最后的决战，这刺激到了所有的人。

在迦太基，舆论的天平似处于微妙的平衡。一方面，公众从汉尼拔的成就和未尝一败中获得了信心；另一方面，公众因对西庇阿屡次获胜的反思而沮丧，而且由于西庇阿个人的努力，迦太基失去了对西班牙和意大利的控制——就好像他是“一个命中注定的将军，为他们的毁灭而生”。

在最后决战的开始阶段，总的来说，祖国给予汉尼拔精神和物质支持，似乎比西庇阿获得的更多——对一个常见的历史谬误而言，这是要着重强调的。

我们已经讨论过西庇阿的处境，对一个指挥官来说，这是对意志品质的考验。安全往往基于精心谋划的冒险，对军事问题的分析表明，他向巴格拉达斯山谷的内陆进军，目的是威胁迦太基赖以获得补给的富裕的内陆地区，以迫使汉尼拔向西迎击他，而
167 不是向北前往迦太基。通过这一机敏的行动，他威胁了迦太基的经济命脉，又保护了己方补给线，也引诱汉尼拔离开了其军事基地——迦太基城。

西庇阿此举还有一个目的：这条行动路线使他逐渐接近努米底亚，缩短了马西尼萨必须走的距离，后者将增强他的兵力。人们对这一策略研究和思考得越多，越能体会到西庇阿对战争原则融会贯通之精妙。

如此达到了预期的效果，迦太基人紧急传话给汉尼拔，要求他向西庇阿进军并与之交战。尽管汉尼拔回答说，他将自行决定时间，但几天之内，他就从哈德卢密塔姆向西进发，强行军抵达扎马。然后，他派出侦察兵去窥探罗马人的营地及其防御部署，后者位于再往西几英里的地方。三名探子，或者说是间谍，被抓获了，当他们被带到西庇阿面前时，西庇阿的处置方式出人意料。“西庇阿非但没有按照惯例对他们施加惩罚，反而命令一名护民官陪伴他们，并向他们清楚地展示营地的确切部署。办完此
168 事后，西庇阿询问他们，那位护民官是否把一切都解释得令人满意。当他们回答说他已做到后，西庇阿给间谍们提供了食物和护卫，并叮嘱他们要向汉尼拔仔细报告自己的遭遇”（波里比阿）。西庇阿的这种傲气是对敌方心理的一种巧妙打击，意在给汉尼拔

和他的军队留下罗马人极为自信的印象，并引发他们内部的猜疑。这一效果肯定随着第二天马西尼萨带着六千名步兵和四千名骑兵抵达进一步增强了。李维指出，他们的到来与迦太基间谍探得的一致，并说汉尼拔得此消息后和其他人一样不悦。

这一侦察事件的后续有一种不同寻常的人情味。“他们回来后，汉尼拔对西庇阿的宽宏大量和胆识赞叹不已，产生了……和他晤谈的强烈愿望。在做出这样的决定后，他派了一名传令官，说他想和西庇阿商讨整个事态，西庇阿收到传令官带来的消息当即就同意了，并说他将派人去汉尼拔那里，确定会面的地点和时间。然后，他拔营而起，转移到了一个新地方，离纳拉加拉 169
（Narragara）镇不远。他选了一个很有利的战略位置，离水源只有一箭之地。然后他给汉尼拔送去口信，说他现在已经做好了碰面的准备。汉尼拔也移营向前与他会晤，占据了一个安全的山丘，各方面都很方便，只是他离水源太远了，他的士兵因此吃了不少苦头。看来西庇阿在双方统帅的斗智斗勇中，赢得了第一个回合！第二个回合他也占据上风，因为他确保了是在开阔的平原上作战，在那里，他可以充分发挥骑兵的优势。他准备打出之前汉尼拔的王牌了。

第二天，两位将军都带着一小队武装护卫走出他们的营地，然后将这些人留在距离相等的后方，每人都只带了一名翻译，相当于单独会晤。谈及这次会面，李维在开头就说，在这里会晤的“不仅是他们那个时代，而且可以说是有史以来、至那时为止最伟大的将领……”很多军事史方面的研究者都会同意这一说法，甚至会将这一时间范围再延长两千年。

汉尼拔先向西庇阿行礼致意，然后开始了对话。至于他的说
170 辞，如同对西庇阿说辞的记载一样，只能说有个大致的意思，因
此，除了一些关键话语外，不同记述间的细微分歧最好解释为一
种演绎。汉尼拔主要谈的是无常的命运——在屡屡获胜、目标几
乎唾手可得之后，现在，他发现自己是主动来求和的。巧合的
是，他在意大利的首战中遭遇的正是西庇阿的父亲，而现在却来
向他的儿子祈求和平！“但愿罗马人不觊觎意大利之外的领土财
富，同样迦太基人也不要贪图阿非利加之外的任何地盘，因为我
们都遭受了伤痛。”然而，往事不可谏，来者犹可追。罗马曾看
到敌人兵临城下，现在轮到迦太基了。双方最好达成协议，而不
是战斗到底。“我本人也准备这么做，因为根据实践经验，我明
白命运之神是多么变幻无常，天平上些微的波动都会扭转整个乾
坤，就仿佛在同孩子们做游戏一样。我担心，我的话不会使
你——普布利乌斯心悦诚服，因为你很年轻，还因为在西班牙和
171 阿非利加，胜利一直伴随着你，而且迄今为止，你至少从未陷入
命运的逆流，但我的话是值得信赖的。”汉尼拔以自己的例子来
警示西庇阿。“当年在特拉西美诺湖和坎尼的我，如今天的你一
般。”“现在，我在阿非利加，为自己和祖国的安全，和你这个
罗马人谈判，考虑到这些，我恳请你不要过于骄傲。”“……我
想问，哪个有见识的人，会贸然身陷现在你所面临的危险？”一

个小时的际遇都可能会抹杀西庇阿所取得的一切成就——想一想雷古卢斯的命运吧。同样，迦太基人也曾向在阿非利加土地上的雷古卢斯祈求和平。汉尼拔随后概述了他的议和条件——西西里、撒丁岛和西班牙肯定交给罗马，而迦太基则将野心局限于阿非利加。最后他说，西庇阿因为最近的经历，自然有可能怀疑这些建议的诚意，那么他应该记住，这些建议来自真正的实权人物，即汉尼拔本人，他将保证尽自己所能，不让任何人后悔和平的达成。汉尼拔后来证明了他的诚意和这一保证的真实性。但在当时的环境下，加上之前出过状况，西庇阿有充分的理由对此表示怀疑。

对于汉尼拔的提议，西庇阿指出，人们很容易对两个大国开 172
战表示遗憾，但战争是谁挑起的呢？如果汉尼拔主动从意大利撤退、在罗马人渡海到达阿非利加之前提出这些建议，那么它几乎肯定会被接受。然而形势已彻底改变了，罗马人“掌控着开阔的乡村地带”，汉尼拔现在提出的条件比迦太基之前接受又撕毁的更为宽松。事实上，他所提出的，就是放弃已被罗马人占领了很长一段时间的土地。向罗马做出这种空洞的让步是徒劳的。如果汉尼拔同意原和约的条件，并对休战期间扣押运输船和对外交使节动武的行为做出更多赔偿，那么他就能给元老院一个说法。否则，“就用武力说话吧”。这个简短的演讲堪称条理清晰且富有逻辑的推理的瑰宝。汉尼拔显然未对先前的提议做出让步，因此会谈结束了，对立双方的指挥官回到了各自的营地。

双方都意识到第二天会发生什么——“迦太基人为自己的生存和在阿非利加的主权而战，而罗马人为建立世界帝国而战。
173 难道有人会在明了这一切后，阅读这一战争故事时仍无动于衷？再也找不到比这更勇敢的士兵，或更成功、更精通战争艺术的将军了，而且再也找不到比这更辉煌的战利品了”（波里比阿）。如果成功的奖赏是巨大的，那么失败的代价也是高昂的。罗马人如果败北，就会被孤立在异邦的腹地；而若构成其最后堡垒的军队失利，迦太基必然会随之崩溃。第二天拂晓，交战双方的指挥官们对这些关键因素进行了强调，然后做好了相关部署，率领着他们的部队迎接终极对决。

西庇阿骑马沿着战线前进，对他的士兵说了一些简练而中肯的话。波里比阿的记述虽非逐字记录且仅存要旨，但它与西庇阿的性格是如此贴合，因此值得写在这里。“牢记你们过去的战斗，要像个勇士一样打仗，要无愧于你们自己和你们的祖国。请记住，如果你们战胜了敌人，你们不仅将成为阿非利加无可置疑的主人，而且将为你们自己和祖国赢得无可争议的领导地位，以
174 及对其余世界的主宰权。如果战斗的结果不是这样，那些在战斗中英勇牺牲的人，将永远笼罩在为祖国献身的荣光之下，而那些逃命的人，将在悲惨和耻辱中度过他们的余生。因为在阿非利加，没有你们的容身之地，倘若落入迦太基人之手，会有何种遭遇等着你们是不言而喻的。我祈祷你们没人会活着面对那种命

运。现在命运之神给了我们最辉煌的奖赏，如果我们加以拒绝，因贪恋生命而选择最糟糕的命运，我们必将是最懦弱胆怯的人，甚至是所有人类中最愚蠢的人。所以，去吧，去迎击敌人，要么胜利，要么死亡。被这样的精神感染的人，常能击败他们的敌人，因为他们上战场时已将生死置之度外。”根据李维的说法：“他说这些话的时候，身体是那么挺直，表情是那么得意，人们会觉得他已经取得胜利了。”

在战场的另一边，汉尼拔命令每一支外国雇佣军的长官向自己的士兵讲话，号召他们贪婪地掠夺战利品，并要求他们在他本人和他带回的部队面前赢得胜利。对征发而来的迦太基士卒，他
指示其指挥官对他们讲述，如果被罗马人击败，他们的妻儿会遭 175
受怎样的苦痛。然后他亲自向自己的老部队致辞，说起他们十七年来的袍泽情谊与无敌战绩、特雷比亚河之战的胜利（击败了现今面前这位罗马将军的父亲），以及在特拉西美诺湖和坎尼的战役——“我们马上要打的仗根本比不了”。说到这里，他吩咐手下观察一下对方的军队，看到罗马军的人数要少一些，而且是他们在意大利击败的罗马军的残兵败将。

敌对双方统帅的部署有几个值得注意的地方。西庇阿把手下的罗马重装步兵——他大概有两个军团——放在正中央；莱利乌斯和意大利骑兵在左翼；右翼是马西尼萨带领的全部努米底亚人，有骑兵和步兵，步兵很可能延伸至中央部分，而骑兵则在外侧。

重装步兵按通常方式排成三列，首先是青年兵，然后是主力兵，最后是老兵。但是，他并没有采用一般的棋盘式布阵，即第二列的中队正对着第一列的中队之间的空隙，而是让后排的中队
176 与第一列的中队直接对齐。如此，每个大队之间就形成了宽阔的通道，而每个大队由一个青年兵中队、一个主力兵中队和一个老兵中队组成。

他这么做有双重目的：其一，可以应对汉尼拔战象的威胁，避免战象的攻击使他的队伍陷入混乱；其二，有利于他的轻装部队出击和撤退，以保持自身的战斗力。他把这些轻步兵部署在第一列的间隙中，命令他们开启战局，如果受到象群的攻击而被迫后退，就退到后方去。他甚至对怎么撤退也有特别指示，那些后退时间充裕的就走各大队间的通道，直接退到军队后方；而那些被追上的人，一旦通过第一列，就立即向右或向左转，沿着战线之间的空间移动。这一有远见的准备减少了伤亡，确保了战斗阵形的顺利运转，并增强了进攻力量——真正实现了对战力的合理运用。它甚至可以被视为现代疏散队形的起源，因为目的是一样的——通过创造间隔来抵消敌人投射武器的杀伤力，通过分散来
177 缩小目标。唯一的区别是，汉尼拔投射的武器是动物，而非无机物。

迦太基军队有八十头战象，比在以往任何一次战斗中都多，为了恐吓敌人，其被部署在本方战线的前方。在第一列支援它们的是利古里亚和高卢的佣兵，其中混编着巴利阿里和摩尔人的轻

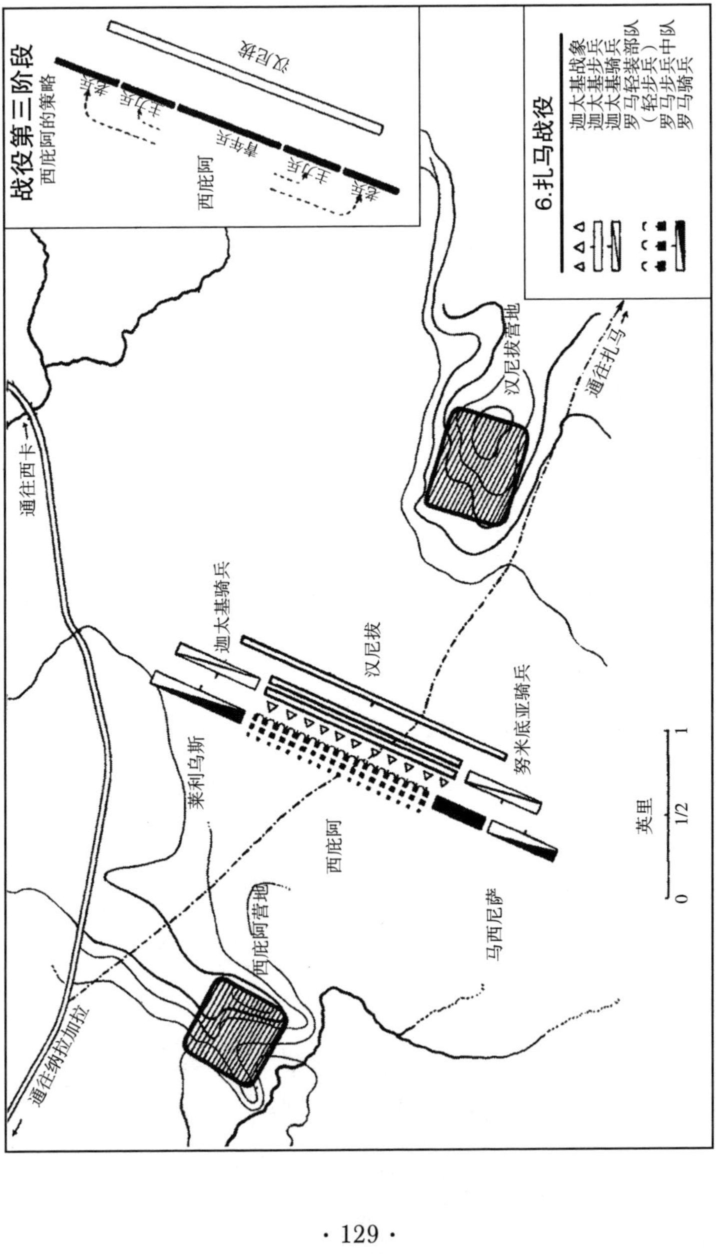
战役第三阶段
西庇阿的策略
汉尼拔
西庇阿
6.扎马战役
迦太基战象
迦太基步兵
迦太基骑兵
罗马轻装部队
（轻步兵）
罗马步兵中队
罗马骑兵
通往西卡
汉尼拔营地
通往扎马
迦太基骑兵
汉尼拔
努米底亚骑兵
莱利乌斯
西庇阿
西庇阿营地
马西尼萨
通往纳拉加拉
英里
0
1/2
1

装部队。这些是马戈带回国的部队，大约有一万二千人；认为整支部队都是由轻装部队组成的，是一个常见的历史错误。

汉尼拔将迦太基人、从阿非利加征来的士兵，以及来自马其顿的军队放在第二列战线上，其总兵力可能超过了第一列的兵力。最后，汉尼拔自己的部属组成了第三列战线，与其他部队拉开两百多码的距离，很明显，其目的是要保留一支完整的后备力量，在指挥官下令之前尽可能避免卷入混战。在两翼，汉尼拔布置了他的骑兵，左边是努米底亚盟军，右边是迦太基骑兵。他的总兵力可能超过五万，也许有五万五千人。罗马人的兵力不是很清楚，但若我们假设西庇阿的两个军团里意大利盟军的数量是一
178 样的，再加上马西尼萨的一万人，那么如果军团满员的话，罗马军队的全部兵力大约是三万六千人。可能会少一些，因为从离开基地起，之前的一些战斗肯定造成了一些损耗。

第一阶段的较量如下。在努米底亚骑兵间初步的小规模冲突后，战斗打响了，汉尼拔命令大象的驭手们向罗马军队战线冲锋。西庇阿迅速压制了对手的王牌，巨大的喇叭和号角声在整条战线上响起。那刺耳的喧闹声让大象受到惊吓，许多大象立刻调转头，冲向了本方的军队。尤其是在左翼，当努米底亚军向敌人进攻时，象群撞进了汉尼拔最优秀的骑兵部队，打乱了他们的队伍。马西尼萨抓住这个黄金时机，发起反击，毫无悬念地打垮了混乱的对手。马西尼萨紧追不舍，汉尼拔的努米底亚骑兵被逐出战场，于是迦太基军的左翼暴露了。

其余的大象在罗马军队战线前的冲锋，让轻步兵蒙受了巨大的损失。但结果证明，提供“通道”和制定撤退方法的预案是正确的。因为大象走的是抵抗力最微弱的路线，它们冲进了罗马 179
人队列间的通道中，而不是面对密集的重装步兵队伍。大象一进入通道，那些退到边上的轻步兵就在两侧向它们投掷标枪。大象受到猛烈的攻击，因此在有路逃生时就跑路了。一些大象直接冲至罗马军后方的空地，没有给士兵造成伤害，另一些则被赶出通道，逃向迦太基军右翼。罗马骑兵用如雨的标枪迎接它们，而迦太基骑兵不会那么做，因此象群自然地奔向相对友善的地方。“就在这时，莱利乌斯利用大象制造的骚动，冲向迦太基骑兵，迫使他们慌忙逃散。他像马西尼萨一样紧追不放。”汉尼拔的两翼就这样都暴露了。坎尼战役中决定性的行动重演了，但双方调换了位置。

在战术上“以其人之道还治其人之身”方面，西庇阿堪称大师，身处扎马的他，就像在伊利帕一样，以洞察力和用兵艺术，将敌人最好的武器反作用于其自身。象群的冲击具备怎样的 180
决定性，从它们一开始给轻步兵造成的损失就可以看出来。

第二阶段的战幕拉开。与此同时，两军的步兵已经“以坚定的阵形缓慢地向对方推进”，只是汉尼拔让自己的老兵留在原地。一边是罗马军队的呐喊，另一边是多种语言的战吼——这种不整齐的声音无疑在士气上减分了——双方碰撞在一起。起初，高卢人和利古里亚人以他们在小规模战斗中的个人技巧和更迅速的行动占了上风。然而，罗马人的防线仍然坚不可摧，尽管损失惨重，他们还是以紧密的阵形击退了敌人。另一个因素是，在领头的罗马军被来自后排的呐喊鼓舞，并得到了他们的支援的时刻，汉尼拔的第二列部队——迦太基人——未能援助高卢人，而是退到后方，以保持其阵形的稳固。高卢人被连连逼退，感到处于危难中的自己被本方抛弃了，于是转身逃跑。当他们试图在第二列战线上寻求庇护时，遭到了迦太基人的驱赶，迦太基人认为必须避免任何可能的混乱，以防罗马军突破他们的防线。这一军
181 事上的直觉显然没有问题，但也许并不明智。许多高卢人感到愤怒，而且士气低落，他们试图强迫迦太基人开放队列，但后者显得并不缺乏勇气，将他们赶开了。在很短的时间内，迦太基军队的第一列战线的残部就被消灭干净，或者从第二列战线的两侧逃之夭夭。迦太基人通过将罗马军的第一列战线——青年兵——击退，也证明了自身的战斗力。在这一点上，他们得到了人为障碍物的帮助：地面上满是尸体，血迹斑斑，扰乱了进攻的罗马军的队伍。当主力兵看到第一列战线被如此干脆利落地打退时，他们也开始动摇了，但军官们收拢队伍，及时带领他们前进，以恢复局势。这次增援是决定性的。由于罗马军队形的正面战线更长，他们包围了迦太基军的战线，而后者被不断分割成小块。幸存者们逃回了相对较远的第三列战线，但汉尼拔继续坚持他的做法，拒绝让逃兵混入并扰乱有序的战线。他命令其“老近卫军”（Old Guard）最前面的队伍放低长矛，以此作为屏障，因此败退

下来的士兵被迫向侧翼和远处的空地撤离。

第三阶段的交锋开始了。这个时候，实际上是一场新的战斗 182
拉开了帷幕。罗马军“已经突破到了真正的对手面前，那些人在武器装备、作战经验、战功名望上，都与他们不相上下……”随后混战的激烈和长时间的难分胜负证实李维所言不虚。这就揭穿了谎言，即汉尼拔的“老近卫军”已没有特拉西美诺湖战役和坎尼战役时期的实力了。

罗马军队在士气上占据上风，他们已经连续击溃了两道战线，以及骑兵和战象，但他们现在必须面对由两万四千名经验丰富的士兵集结而成的生力军，而且这批生力军受到汉尼拔的直接指挥和激励。历史上，在以自己的决心鼓舞部队士气方面，没有一个人能表现得比汉尼拔更有活力。

罗马军最终也有了数量上的优势，但优势并不大，然而——波里比阿曾说，军队“在人数上几乎相等”——实际上比看起来还要少。因为这时汉尼拔的第三条战线上都是生力军，西庇阿这边只有老兵还未动用，而这些人的数量只有青年兵或者主力兵数量的一半。此外，轻步兵损失惨重，他们不得不转入预备队，
而骑兵们离开了战场，投入追击战。因此，在最后一击中，不算 183
已伤亡的士兵，西庇阿拥有的步兵不太可能超过一万八千名（或两万名）。

西庇阿的下一步行动展现出了个人的特点——即使处于战斗中最危险的时刻，他也能冷静地谋划。面对规模如此巨大的

人墙——迦太基军队结成的方阵——他下达命令，召回了先头部队，这证明其军队严明的纪律，他们就像一群训练有素的猎犬那般做出反应。然后，面对距离他只有一箭之遥的敌人，他不仅重新组织了他的部队，而且变更了部署！他的问题在于，罗马军队对抗前两排敌军的阵形，较迦太基军队方阵的纵深要浅一些，再加上间隔，其战线就更宽，因此能够包抄对方。现在，他面对的兵力是之前的两倍，于是其正面的宽度优势不再，战线也许短于汉尼拔。他显然考虑到了这一点，此外还有两个因素。其一，为了集中冲击力以完成最后一击，明智的做法是让他的战线尽可能密集，这是可以做到的，因为保留各中队之间的间隔没有必要，或者说不能因此获得优势。其二，因为他的骑兵随时可能返
184 回，所以保持传统阵形的纵深，并用主力兵和老兵给予一线直接支持或增援，是没有任何好处的。攻击应尽可能集中在同一时间，打击面应尽可能广，而不是逐步投入。因此，我们可以看到，他集结起青年兵，形成一个紧凑的中心，中间没有间隔。同样地，他将主力兵与老兵各分为两部，向外展开，向前推进以延伸两翼。队列中从右至左是：一半老兵，一半主力兵，全体青年兵，另一半主力兵，另一半老兵。现在，他又一次包抄了对方的战线。对英国读者而言，西庇阿在这场战斗打到中间时段，灵光一现摆出的新奇阵形，应能激发他们特别的兴趣。因为此地诞生了在半岛战争和滑铁卢战役中永垂不朽的“线式队列”，在这里，西庇阿领先威灵顿两千年，揭示了这样一个事实：战线宽且

纵深浅的阵形可以发挥最强火力，以最大比例投射——无论是子弹还是标枪——最有效地节约兵力。① 西庇阿的步兵在最后阶段的作用是牵制汉尼拔军，以待骑兵完成具有决定性的行动。要 185
做到这一点，攻击的猛烈程度和范围比持续性更为重要。西庇阿有意识地、从容不迫地变更了部署，他拖延最后一击的时间越长，就越能争取到更多的时间，让他的骑兵返回。有可能的是，马西尼萨和莱利乌斯发起的追击跑得过远了，对罗马步兵和西庇阿的计划造成了不必要的压力。因为波里比阿告诉我们，双方的步兵“在很长一段时间内相持不下，直到马西尼萨和莱利乌斯在恰当的时间有如神助般地赶到，迦太基军才丧失了信心”。他们在敌人后方的冲锋确保了胜利，尽管汉尼拔的大多数士卒顽强战斗到了最后，成排被砍倒。那些企图逃跑的人很少能脱身，早先的逃兵也没更好的下场，因为西庇阿的骑兵横扫了整个平原，而且由于地形开阔，他们的搜剿没有遇到任何障碍。

波里比阿和李维一致认为，迦太基军及其盟友的损失是两万人被杀和几乎同样多的人被俘。而在另一方，波里比阿认为有“一千五百多名罗马官兵阵亡”，李维则称“获胜一方有多达两千人倒下了”。这个差异可以通过对“罗马军”一词的理解不同 186

① 在拿破仑战争时期，英军接受火力至上原则，他们基本采用两列横队，而非法军、普鲁士军队采用的三列横队，如此，虽然纵深较浅，面对骑兵和刺刀冲锋可能不利，但是每次步枪齐射时人数更多，火力更强。

来解释，因为李维的总数显然包括盟军。历史学家们普遍认为，这一数量被低估了，在古代战争中，胜利者的伤亡数总是被最小化的。阿当·杜·皮克①是一位博学多才、经验丰富的思想家，他指出了这些坐在书斋中的历史学家的谬误。即使在当代战争中，战败方最大的损失也是在战局已定后产生的，这实际上是对没有抵抗力或没有组织的人的屠杀。当子弹（更不用说机关枪）还不存在时，胜利者无法在初始阶段制造不成比例的伤亡。只要阵形保持完整，失利方的死亡人数就会相对较少，但当他们被孤立或被打散时，屠杀就开始了。

“汉尼拔带着几个骑兵在混乱中逃至哈德卢密塔姆，直到战斗中和交战前安排的招数全部使尽，他才离开战场；西庇阿承认，在那一天，他以非凡的判断力指挥军队，赢得了荣誉”（李维）。波里比阿的赞扬同样毫不吝啬：“首先，他与西庇阿谈判，试图独自解决争端；由此可见，尽管清楚自己过去的成功，但他
187 不相信运气，并充分意识到意外事件在战争中所起的作用。其次，当他投身战斗时，他做得很好，在当时的情况下，任何指挥官都不可能在与罗马军的战斗中比汉尼拔做得更好。罗马军在战斗中的纪律使其很难被突破，因为无论什么情况，每个人都与其同伴一起，在任何方向上都呈现出一条战线，面对危险，距离最近的中队一个机动就能转而应对。他们的武器也给人以保护和信

---

① 阿当·杜·皮克（Ardant du Picq，1821~1870 年），19 世纪中期法国军事理论家，对法国军事理论和学说产生了巨大影响。

心，因为盾牌的尺寸和剑的硬度足以承受反复的打击，但无论如何，面对以上这些，汉尼拔在应对时显示出了高超的技巧。所有措施都在他的掌控之内，且都有理由获得成功。因为他急忙收罗了那么多大象，并在战斗那天让它们打头阵，以使敌人陷入混乱，扰乱其队伍。他把佣兵放在前面，后面跟着迦太基人，为的是让罗马军在决战之前疲惫不堪，让其刀剑失去锋芒……也迫使 188
前后受敌的迦太基人挺身战斗，用荷马的话说就是‘使那些心不甘情不愿的人被迫奋战’。”

“他把最精锐、最坚定的部队留在后方，保持着不近的距离，以便从远方观察和预见战斗的进程，能以未曾削弱的力量和精神，在适当的时候对战局施加影响。如果他在采取了一切可能的措施来确保胜利后，还未能达成这一点，我们必须原谅他。因为命运之神有时会与勇者的计划背道而驰，有时又如谚语所说：‘山外有山，楼外有楼。’正如我们所说的汉尼拔的遭遇。”

波里比阿用这句谚语清楚地表明，这里是一位战争大师遇到了一个更强者——简而言之，这就是我们对这场战争的结论。汉尼拔面对的不是弗拉米尼乌斯①和瓦罗了。初战汉尼拔的罗马将领，既保守又不懂战争艺术，在汉尼拔的凌厉攻势下尝尽苦头。

① 即盖乌斯·弗拉米尼乌斯·尼波斯（Gaius Flaminius Nepos，约前 275～前 217 年），古罗马国务活动家，公元前 223 年任执政官，前 217 年在特拉西美诺湖战役中被汉尼拔击败身亡。

而今，罗马统帅早已不是任他宰割的猎物。在扎马，汉尼拔面对
的是一个有远见的人，这个人清楚骑兵的优势是战斗胜利的关
189 键；他的外交才能将汉尼拔的骑兵资源实实在在地转化为自己的
武器；他的谋略智慧将敌军诱至己方新获优势能充分发挥的战
场，从而抵消自己其他兵种的兵力劣势。

很少有哪位指挥官像西庇阿这样，如此巧妙地用实例阐明了
“获得并保持主动权”这一老生常谈的含义。自从西庇阿拂逆了
费边那种传统派的意见，转而进攻迦太基而不是“敌军主力”[1]
的那一天起，他就一直牵着敌人的鼻子走。作为心理战大师，他
让对手心态崩盘，以此为最终决战，即在战场上彻底消灭敌军铺
平道路。真正令人惊叹的并非胜利本身，而是其实现方式。作为
战术家，西庇阿可以说是独一无二的，在战略上他也是完美的艺
术家。很少有伟大统帅能说其战术技巧可以与其战略能力相匹
敌，反过来也一样。拿破仑就是一个例证。但在战争中，就如在
190 更广阔的领域中一样，西庇阿实现了智力、道义、物质方面的平
衡和融合，这使他在历史的长卷中脱颖而出。因此，在扎马的战
场上，西庇阿不仅成功化解了汉尼拔的每一记杀招，更以其人之
道还治其人之身，给予对手致命一击。纵观历史，我们找不到另
一场有两位伟大将领展现出其全部才华的巅峰对决。高加米拉战

① 两千年后，这依旧是正统军事观点中不可动摇的教条，哪怕在 1914~1918 年的第一次世界大战中有过惨痛的教训（当时的军队在敌人最坚固的堡垒前拼得头破血流）。——作者注

役、坎尼战役、法萨罗之战、布莱登费尔德战役、布伦海姆之战、洛伊滕会战、奥斯特里茨战役、耶拿战役、滑铁卢战役、色当战役——这些战役都算不上完美，其结果都因一方的失误或无知而失色。

第十二章 扎马之后

191 完胜使得战略追击没有必要，但西庇阿继续在心理层面扩大战果。“他得出结论，要把所有让迦太基恐慌的事呈现给迦太基人看……他命令格内乌斯·奥克塔维厄斯（Gneius Octavius）率领军团从陆路，他则带着新到的雷恩图卢斯（Lentulus）的舰队和自己之前的船只从乌提卡出发走海路，前往迦太基港”（李维）。迅速的行动达成了不战而屈人之兵的目标，这省去了围城的代价，为他八年来实行的节制武力原则画上圆满的句号。

在离迦太基港口不远的地方，一艘装饰着彩带和橄榄枝的船迎面驶来。“有十名代表，即元老院的领袖，因汉尼拔的建议被
192 派来求和，当走到将军座船的船尾时，他们陈情，恳求西庇阿的保护和怜悯；而他们得到的唯一答复是，他们必须去突尼斯，他将把营地转移到那里。他巡视迦太基城并非为了勘察，而是为了震慑敌人。之后他回到突尼斯，并在那里将奥克塔维厄斯召回了”（李维）。行军途中的部队获悉西法克斯之子维尔米纳（Vermina）正率大军驰援迦太基。但是，奥克塔维厄斯用一部分步兵和全部骑兵挡住了他们的去路，骑兵封锁了全部撤退路线，使敌人损失惨重。

刚在突尼斯扎好营地，就有三十名来自迦太基的使节赶到，

而为制造恐慌气氛，他们被晾了一天，无人理睬。第二天，在重新开始的晤谈中，西庇阿首先做了简短的声明，说罗马人没有义务对他们宽大处理，因为他们不仅承认自己发动了战争，而且最近还背信弃义地违反了他们宣誓要遵守的书面协议。

“但为了我们自身的利益，考虑到战争的变幻无常和人性的共同纽带，我们决定宽厚仁慈。如果你们能正确地估计形势，对 193
此也会很清楚。如果我们对你们施加苛刻的义务，或者要求你们做出牺牲，你们不应感到奇怪；相反，如果我们给予任何恩惠，你们倒应该感到惊讶，正是由于你们的不当行为，命运之神才剥夺你们获得怜悯或宽恕的一切权利，使你们处于敌人的摆布之中。”他先谈了宽赦的事，然后又说了和平的条件：从那天起，罗马人不再进行毁坏和掠夺，迦太基人保留自己的法律和习俗，不会迎来驻军；迦太基将恢复战前在阿非利加的一切领土，保留所有的羊群、牛群、奴隶和其他财产。而条件是，迦太基人要对罗马人在休战期间遭受的伤害做出赔偿，放还扣押的运输船与货物，交出所有的战俘和逃兵。除了十艘三列桨战船，迦太基人要移交他们其余所有战舰；交出所有战象，且不得再驯化更多战象。显然，西庇阿比一些现代军事史家更看重这些战象。迦太基人不得向阿非利加以外的任何国家开战，也不得在未与罗马磋商 194
的情况下向阿非利加的任何国家发动战争。归还后续商定的属于马西尼萨或其先祖的疆界内的所有土地及财产。迦太基人将为罗马军队提供三个月的粮食，并支付军队薪饷，直至从罗马收到有关和平的回应。赔付一万塔伦特①白银，分五十年等额支付。最后，迦太基将提供一百名人质作为担保，由西庇阿从十四岁至三十岁的年轻人中挑选。归还运输船是停战的直接条件，“否则休战免谈，和平也没有任何指望”。

这是公元前 202 年！想想公元 1919 年！与《凡尔赛和约》相比，这是多么温和。这才是真正的大战略——目标是更好的和平、安全与繁荣的和平。这里没有播下复仇的种子。通过迦太基舰队的投降、扣押人质、在迦太基隔壁安置了马西尼萨这样一个强大而忠诚的看守者，必要的安全保障由此获得。但是，无论是征服者的要价，还是被征服者的苦难，都被控制在最低限度。这
195 种廉价的安全保障为罗马未来的繁荣铺平了道路，同时也使迦太基的兴旺成为可能。

西庇阿宽宏而富有远见的温和政策，已被扎马战役后五十年的和平所印证——迦太基人始终严守和约。如果罗马的政治家们像西庇阿一样睿智、冷静，这种和平肯定还会持续下去，迦太基会是罗马繁荣、平静的卫星国，名言“迦太基必须毁灭”(Delenda est Carthago)② 只不过是一个“头铁”老头的反复唠叨，

① 塔伦特为当时的货币单位，1 塔伦特相当于 26 千克。第一次布匿战争后，罗马索要的赔款是 2200 塔伦特。

② 这是一句拉丁语名言，源于西庇阿的政敌、罗马政治家加图。第二次布匿战争后，罗马共和国内部的强硬派念念不忘汉尼拔对罗马造成的威胁，主张彻底消灭迦太基。强硬派的代表加图在元老院进行演说时，即便主题和迦太基没有任何关系，他也都会在演讲结束时加上一句“还有，我认为迦太基必须毁灭”，从而不断提醒罗马人要去消灭迦太基。主战派的政治努力最终导致第三次布匿战争。

是一代人的笑谈，它随即会被遗忘，而不是转变为可怕的事实。此外，如果把执行和约条款的工作交给西庇阿，条款就不会被恶意歪曲，从而使一个长期受苦受难的国家只能不断抱怨。尽管有这些持续不断的、琐碎的伤害，但迦太基在其鼎盛时期还是变得繁荣昌盛、人口众多；只因蓄意的、令人发指的挑衅——命令市民摧毁自己的城市，这些颇能忍耐的商人才被迫反抗，从而为毁灭他们提供了借口。[1]

应该补充的是，西庇阿的宽容得到了汉尼拔的回应。由西庇
阿开创的真正的和平被汉尼拔忠实地履行了，他重建和平繁荣的 196
国家，直至源于罗马元老院的切齿痛恨使他流亡海外。这在历史上并非最后一次，两位敌对的伟大军人的远见卓识和人道主义，为心存报复、心胸狭隘的政客树立了一个真正光辉的典范。然而，为了这一建设性的智慧，汉尼拔被迫逃亡，最终不得不自尽；西庇阿则在自我放逐中结束了一生，离开了早已抛弃引领者的祖国。由于他在民众中的影响力，元老院里那些狭隘的、嫉妒他的政敌没法拒绝批准他定下的和平条款，而且面对这场毁灭性的、旷日持久的斗争的圆满结局，他们一时间还感到如释重负。然而当危险的记忆逐渐模糊，连同他们侥幸脱险的惊险经历也一并淡去时，他们无法抑制住仇恨，始终无法原谅“此人竟不屑

① 指公元前 149~前 146 年的第三次布匿战争。罗马无理地要求迦太基人抛弃迦太基港口城市，搬入北非内陆，致使迦太基人起来反抗。公元前 146 年，迦太基城遭围攻后陷落，被彻底夷为平地。当时的罗马军指挥官普布利乌斯·科尔内利乌斯·西庇阿·埃米利安努斯为西庇阿的养孙。

于严惩那个曾让罗马人战栗的罪魁祸首”。

当西庇阿向迦太基的使节宣布和平条件后，这些条款立刻被使节们带回了他们的元老院。他的宽容并没有立刻在一个正巧“不喜欢和平，也不会打仗”的元老院里引发反响。有位元老院
197 元老正要反对接受这些条件，他刚开始演讲，汉尼拔就上前把他从讲坛上拖了下来。其他元老对这种违反元老院议事惯例的行为感到愤怒，于是汉尼拔又站起来，承认自己很草率，请求他们原谅这种“倨傲无礼”的行为。他说，如诸位所知，他九岁离乡，三十六载后才回来，归来时只习得实战经验。他请他们细想他的爱国精神，正是出于这一点，他才违反元老院的惯例。“令我震惊且难以理解的是，任一位迦太基公民，若清楚我们个人及集体曾对罗马怀有的图谋，现在竟不感激神灵保佑——被罗马人支配时，我们居然还能获得这么宽厚的条件。在哪怕是几天之前被人问到，倘若结果是罗马获胜，你们预料你们的国家会遭受什么，你甚至会无法表达你的恐惧，因为这灾难当时可谓如泰山压顶。所以，我现在恳求你们，不要争论这一问题，而是一致同意条
198 款，你们所有人都应该祈祷，祈祷罗马人民会批准这个条约。”①这股拂去尘埃的理智之风使元老们的头脑清醒了，他们投票同意了这些条件，元老院即刻遣使，奉命达成协议。

在遵守休战协定的初步条件方面，迦太基人遇到了一些困

① 虽然这是罗马记载的汉尼拔的演讲，但他关于和约条款的评价是可信的，罗马方面不太可能因为和平而给予他过多的褒扬。——作者注

难。尽管他们能找到运输船，但他们无法归还货物，因为大部分财产仍在强硬派手中。使节们只好请求西庇阿接受金钱补偿。由于西庇阿没有为此设置任何障碍，三个月的休战协定商定并得到了批准。

派往罗马的使节是从国家的头面人物中挑选出来的，因为罗马人之前就抱怨过使节过于年轻和缺乏权威；在这一批被推荐前往罗马元老院的使节中有哈斯德鲁巴·哈耶杜斯（Hasdrubal Hædus），他是一贯的和平倡导者，是巴卡家族一派长期以来的对手。作为发言人，他的话给人留下了良好的印象，其演讲巧妙地奉承了罗马人的公正，同时委婉地承认了自己的罪过，由此缓和了阴沉的氛围。

罗马元老院的大多数人显然是赞成和平的，但接替克劳狄乌
斯担任执政官的雷恩图卢斯有着追求廉价荣耀的野心，他反对元 199
老院的决定，一直在游说，希望把阿非利加纳入他的管辖，并觉得如果让战争的余烬继续存在下去，他就能实现自己的抱负。但这一企图很快就被扼杀，因为当这个问题被提交至公民大会时，公民全体投票批准由元老院促成和平，授权西庇阿全权处理，且唯有他有权率军回国。因此，元老院同意了，并在迦太基使节返回后，按照西庇阿提出的条件缔结了和平协议。这些条件得到了及时履行，西庇阿命令将五百艘战舰拖到公海上点燃——迦太基的强权就此灰飞烟灭。

西庇阿的对头在后来的岁月中含沙射影地说，他在任期内持

有宽容态度是因为他害怕更严苛的条件会延长战争，迫使他与继任者分享荣耀。一些历史学家也曾暗示这种粗俗的动机，因此有必要强调两个事实，以彻底驳倒这种诽谤。一是迦太基从那时起的无助和被动，二是罗马人民在最后阶段压制了所有取代西庇阿
200 的企图。扎马战役之后，当整个罗马都陷入狂热之时，任何一个想坐收渔利的人，无论多么急切，其成功的可能性都是微乎其微的。

在离开阿非利加之前，西庇阿先目睹马西尼萨建立起自己的王国，然后赠之以西法克斯的领土，他推迟了自己的凯旋，以确保他那忠诚的助手能得到应有的回报。最后，他完成了任务，撤出了占领军，带领他们向西西里进发。一抵达那里，他就让大部分部队走海路，而他则走陆路穿越意大利。这是一支很长的凯旋队伍，因为不仅各城镇的居民都出来向他致敬，而且道路上也挤满了乡间民众。一到罗马，他“他以一场无与伦比的辉煌的“凯旋式”进入城内，随后从战利品中分发给每名士兵四百阿斯(as)① ”。这时，他得到了一个新的名号——阿非利加努斯(Africanus)②，“他是第一个得名于他所征服地域的将军”。不过，这是他的士兵、朋友给他的称号，还是一个当时流行的绰号，目前尚不确定。

民众们的热情是如此之高，以至于他可以得到一个比任何诨

---

① 罗马基础货币之一，多用于小额交易。

② 意为阿非利加征服者。

名都明确得多的头衔，而无论这个头衔有多显赫。几年后，在西庇阿事业最黑暗的时刻，提比略·格拉古（Tiberius Gracchus）进行了一次演讲，我们从中知道，民众强烈要求西庇阿成为终身执政官和独裁官，而他严厉斥责了他们试图将他推上——即便不 201
是名义上，实质上也等同于——王座的行为。这事应该是真的，因为当时格拉古指控他不尊重护民官的权威。从这次演讲中我们还了解到，西庇阿“阻止在广场、讲坛、元老院、圣殿、朱庇特神庙里为他竖立雕像，也阻止了一项法令的通过。该法令规定，需将他身着凯旋服饰的雕像从朱庇特神庙中请出，游行展示……诸如此类连政敌在责难他时也承认的细节……展现了他非凡的胸怀，将荣誉限制在与公民身份相符的范围内”（李维）。

在历史上，还有谁曾放弃如此近在眼前，而且是唾手可得的崇高荣誉呢？辛辛纳图斯[①]完成独裁官的使命后返回农场的故事可谓不朽，而西庇阿的故事不仅可与之平分秋色，甚至可说是使之黯然失色。一个单纯的部落成员去遵循一个原始国度的传统，跟一个教养良好、雄心勃勃的人远离一个高度发达文明的实质王 202
权，这两者相较起来哪一个才是更大的考验呢？我们可以将西庇

① 即卢修斯·昆特修斯·辛辛纳图斯（Lucius Quinctius Cincinnatus，前 519~前 430 年），古罗马政治家。根据历史传说，公元前 458 年，辛辛纳图斯被古罗马公民推举为独裁官，去援救被埃奎人围困于阿尔基多斯山的罗马军团。在接到此项任命时，他还在自己的农场上耕作。接着，辛辛纳图斯一天之内就打败了敌军，在罗马举行了凯旋式。危机刚一解除，他便辞去职务返回农场。辛辛纳图斯在西方是功成身退的代名词。美国城市辛辛那提即源于他的名字。

阿的行为和恺撒的行为相比较，后者在群众不满的声音面前，勉强拒绝了他的支持者预先安排好的王冠。在评价世界上宗教界之外的伟大人物时，我们倾向于主要依据其具体成就和聪明才智，而忽略其道德价值观——在执行和平与战争政策时，我们也注意到很难调和这三个领域。即便对于成就本身的评判，亦常以数量而非质量为标准。恺撒的成就广为人知，而西庇阿在受过通识教育的群体中的名声要比恺撒小得多，以我们的历史评价标准来看，这是一种奇怪的现象，因为前者开创了罗马文明的世界霸权，后者则为其衰落铺平了道路。

西庇阿的这种自律源于其高尚的心灵，而因他的年龄，这一点变得更加不同寻常。可想而知，一个人到了晚年，可能会对雄心壮志带来的好处有一种哲学上的认识，不再看重其浮华的光辉。但是，一个三十五岁就攀上了成功与名望顶峰的人竟
203 然也能如此，这真是人性的奇迹。难怪他的同胞们对他逐渐从阿谀奉承转向了吹毛求疵；也难怪历史学家们忘记了他，因为这种崇高的理念是普通人无法理解的，而普通人厌恶他们无法理解的事。

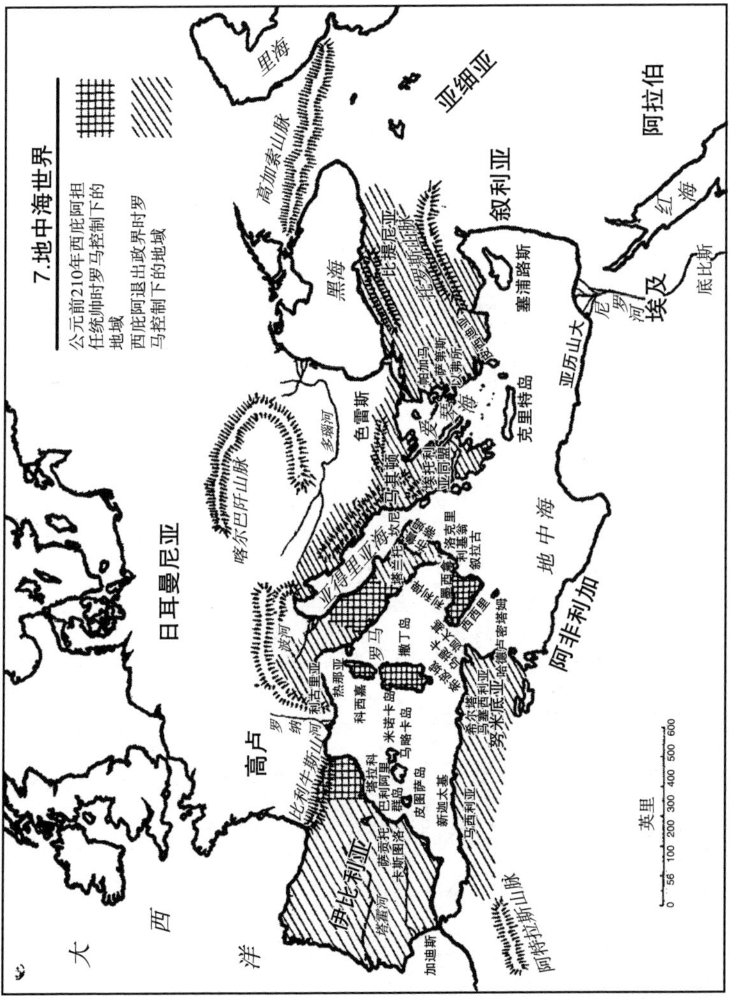
7.地中海世界
公元前210年西庇阿担任统帅时罗马控制下的地域
西庇阿退出政界时罗马控制下的地域
日耳曼尼亚
高卢
大西洋
伊比利亚
阿非利加
努米底亚
地中海
罗马
西西里
撒丁岛
科西嘉
色雷斯
马其顿
黑海
里海
亚细亚
叙利亚
阿拉伯
埃及
红海
克里特岛
塞浦路斯
亚历山大
尼罗河
底比斯
喀尔巴阡山脉
高加索山脉
阿特拉斯山脉
比利牛斯山脉
亚得里亚海
爱琴海
比提尼亚
托罗斯山脉
多瑙河
波河
罗纳河
迦太基
新迦太基
加迪斯
英里

第十三章

中场间隔

204 作为罗马历史上最关键八年中的核心人物，西庇阿在他的余生中只是偶尔出现在历史的聚光灯下。他拯救了罗马的国体存续，如今退隐以平民之姿，试图守护其道德根基。如果一个人获得了如此难以企及的名望，将个人野心与利益置之度外，并表示国家高于个人，此举或可垂范后世。至高的自我牺牲精神是文明世界中最伟大的道德力量之一。然而可悲的是，西庇阿树立的典范，终将被马略、苏拉和恺撒之流的利己主义淹没。

追溯他职业生涯中后期更为漫长的部分颇为困难，我们所能获知的只有一系列简短的场景。听说他关心部下的重新安置问
205 题；他麾下每一个西班牙和阿非利加老兵都根据时间，按每服役一年换两英亩的比例分配土地。三年后，他被选为监察官，这不仅是最高级别的行政长官职位之一，而且被视为政治事业的顶点。顾名思义，一共会有两名监察官进行人口普查，这不仅是登记，而且是检查公共和私人生活状况的一个机会。任期内，监察官颁布他们打算推行的道德准则法令，惩处行为不端者，并遴选新的元老院成员。监察官无须对其行为承担责任，唯一的限制是禁止连任。没有两名监察官的同意，任何决议都是无效的。西庇阿在任期间似乎呈现出前所未有的和谐局面，且在责罚方面保持

零记录。

直到公元前 192 年才再有关于他的记载，而这一事件又一次证明了他的慷慨和眼界宽广。扎马战役后，在七年的和平期里，汉尼拔将他的天资用到了新的方向——恢复迦太基的繁荣，改善其治理。但这项工作使他招致许多同胞的敌意。他在努力维护人 206
民的自由时，制止了滥用司法权的行为——这一滥用让人联想到威尼斯共和国最糟糕的时期。同样，他发现如果不整顿税务，提高财政收入，就无法支付年度赔偿金给罗马，于是他对贪污行为进行了调查，而贪污正是治理水平低下的根源。那些洗劫公众财物的人，在法务官员的指使下，煽动罗马人整肃汉尼拔。罗马人对这位伟大的迦太基人的恐惧并未消退，一直怀着嫉妒和不信任的情绪关注着迦太基的商业复兴。他们急切地抓住这一借口进行干预。然而，从李维的书中我们了解到："西庇阿对此进行了长期而激烈的反对。他认为，罗马人若插手迦太基人对汉尼拔的仇怨与指控，实属有损尊严；以国家权威干预他国的派系倾轧已属不当——更何况在战场上击败这位统帅后，竟还俨然欲成为法庭上的控诉者……"西庇阿的反对让事情推迟了，但这无法阻止小人复仇的欲望——加图当选执政官——同时，一个使团被派往迦太基，指控汉尼拔。汉尼拔意识到接受审判是徒劳无益的，于是决定 207
趁为时未晚先逃走。他扬帆前往提尔，更多悲叹祖国而非自身的不幸。

第二年年初，西庇阿第二次被选为执政官，他和提贝里乌斯·隆古斯（Tiberius Longus）一起当选，巧合的是，他们的父辈在汉尼拔战争的第一年共同担任执政官。西庇阿的第二次执政官任期相对平淡，至少从军事意义上是这样，因为元老院决定，由于没有直接的海外威胁，两位执政官都应该留在意大利。尽管西庇阿服从了，但他还是强烈反对这一决定。历史再一次证明了他的远见卓识，并谴责了目光短浅的罗马元老院的“观望”政策。

从扎马战役到他第二次执政之间的这段时间，罗马在希腊卷入争端。扎马战役的获胜赋予罗马行动自由，结合早先的一些因素，罗马重新确定，或者更确切地说，调整了它的外交政策。自从皮洛士被击退，罗马就不可避免地与近东有了接触。亚历山大大帝逝世后，其所控制的庞大疆域被划分为三个帝国：马其顿、埃及、叙利亚（或者正如它当时的名称——亚细亚）。[1]

208 八十年前，罗马与埃及结成了同盟，而这一同盟又因商业关系得到巩固。但是，马其顿的腓力五世已与汉尼拔结盟，即便腓力五世的帮助口惠而实不至，其对意大利发动进攻的威胁，还是迫使罗马人联合了一批希腊城邦对他主动出击。因在其他地域的战事耗费资源，公元前 205 年，罗马抢得先手，达成了一种脆弱的和平。[2] 腓力利用罗马正集中精力对付汉尼拔的现状，与叙利

---

① 即三大“继业者”国家，马其顿安提柯王朝、埃及托勒密王朝与叙利亚塞琉古王朝，三者后来均被罗马吞并。

② 史称第一次马其顿战争。

亚的安条克三世[①]订立了条约，要夺取并分享埃及的领土。

但在扎马战役之后，罗马得以腾出手来回应其盟友的请求，也急于报复腓力派遣四千马其顿人在最后一战中帮助汉尼拔的非中立行为。然而，为了说服急于享受和平果实的公民大会，元老院只能谎称腓力即将入侵意大利。在狗头山会战（battle of Cynoscephalæ，也作库诺斯克法莱会战）中，罗马军团大破马其顿方阵，腓力被迫接受一些条件，使他沦为如迦太基这样的二流势力，被剥夺了海外的资产，并且未经罗马同意不得开战。

然而，罗马元老院并没有意识到，马其顿威胁的消失使得 209
与叙利亚安条克三世的战争不可避免，因为罗马统治的浪潮显然迟早会威胁到他，导致其覆灭。罗马事实上先后吞并了迦太基与马其顿，安条克三世可不想坐以待毙。地中海世界太小了，容不下两个霸主。安条克三世洋洋得意地自封为“万王之王”，决定在时机成熟时采取主动，扩大自己的领土。公元前197~前196年，他占领了整个小亚细亚，甚至进入了色雷斯（Thrace）。

希腊显然是他的下一个目标，但罗马人看不到这一点，尽管西庇阿注意到了。在一次预言式的演讲中，他宣称：“有充分的理由与安条克进行一场艰苦的战争，因为他已经主动进入欧洲；

① 安条克三世（Antiochus III the Great，前241年~前187年），塞琉古王朝第六位国王，又称安条克大帝，是塞琉古王朝历史上最杰出的君主之一。

当他一方面受到罗马公开的敌人埃托利亚[1]的开战鼓动，另一方面又受到以战胜罗马人而闻名的将军汉尼拔的挑唆，他将会如何行动?”——因为汉尼拔最近投奔了安条克三世的宫廷。但元老院像鸵鸟般回避现实，拒绝采纳建议，决定不仅不该派新的军队
210 去马其顿，而且还要把那里的军队撤回解散。如果马其顿被分派给西庇阿作为其管辖的省份，来自安条克三世的危险可能会被扼杀在萌芽状态，希腊后来遭受的入侵也可避免。

在政治上，他这一年执政的主要特点是，广泛推行在意大利全境安置罗马公民的政策，以防止意大利各城邦像汉尼拔入侵后那样爆发危险的叛乱。西庇阿本人很荣幸地被监察官提名为元老院首席元老（Prince of the Senate），这一职位除了荣誉之外，比它所取代的元老院主席职位拥有更大的影响力。因为主席的职能仅限于现代的“议长”（Speaker），而元老院首席元老既可以发表意见，也可以主持会议。

这一年唯一重大的战事发生在意大利西北部，在那里，因苏布里亚（Insubrian）、利古里亚的高卢人和波伊人（Boii）周期性地发动起义。那里是另一位执政官隆古斯负责的省份，他前去对付波伊人。发现敌人兵力强大且意志坚定后，他立刻派人送信给西庇阿，请他酌情增援。然而高卢人察觉到执政官的防御姿态

① 埃托利亚（Ætolia），古代希腊城邦联盟，公元前3世纪下半叶联盟达到极盛，它不仅包括希腊中部许多城邦，还包括帖撒利亚和伯罗奔尼撒半岛的一些城邦。

并猜到了缘由，趁西庇阿尚未抵达便发动攻击。显然罗马人险些遭遇失败，但这场胜负难分的战斗让他们得以安然撤退至波河畔的普拉肯提亚（Placentia on the Po，今天的皮亚琴察），而高卢人则撤回本土。 211

后续情况史无明文，尽管一些作家说，西庇阿在与同僚会师后横扫了波伊人与利古里亚人的土地，直至森林和沼泽挡住了前进的道路。不管怎么说，西庇阿是去了一趟，因为有记载称他从高卢返回主持选举。他任期内的另一件事是，根据他的提议，元老们在罗马竞技场中首次拥有了预留的专属坐席。虽然许多人觉得这是一种早就应该得到的荣誉，但也有人强烈反对，认为“对元老院的每一次拔高都是对人民尊严的贬低”，因为它强化了阶层感，如果普通的席位已经很好地维持了五百三十八年，为什么现在要改变。“据说，甚至西庇阿自己也为他执政官生涯里的这一提案而感到遗憾：要使人们同意改变长期存在的习俗是如此困难”（李维）。

所有这些都是非常琐碎的。然而，西庇阿出于善意，考虑到了他人的舒适与尊严——这并不能拔高他自己——这可能削弱了他过往在民众中的影响力，而民众曾支持他去反对那些目光短浅的元老院元老。 212

在继任者当选后，西庇阿再次退居幕后，开启私人生活，而不是像退职的执政官经常做的那样接管一个海外省份。这一情况使后来的一两位罗马历史学家试图探寻其动机。因此，加图传记的作者科尔奈利乌斯·奈波斯（Cornelius Nepos）说，西庇阿想把加图从其掌管的西班牙行省撵走，自己取而代之，但这未能获得元老院的同意，西庇阿为了表示不满，在执政官任期结束后就退隐了，过起了小日子。普鲁塔克（Plutarch）在他的加图传记中否定了这一点，说事实上西庇阿继任了加图在西班牙的职位。除了我们知道的这两位后世作家在史实上的错误外，此类小肚鸡肠与所有关于西庇阿性格的确凿事实都是不一致的。我们知道加图和西庇阿总是意见不一，但就记录下的演说词来看，加图是怀恨在心的一方，西庇阿的希腊格调对加图来说就像是挑逗公牛的红布，他对迦太基的温和态度也是如此。这个喋喋不休地嚷着“迦太基必须毁灭”的家伙——可谓黄色报刊（Yellow Press）[①]
213 的先祖——不能容忍灵魂比他崇高、名气比他更大的人挡他的道，在把迦太基和西庇阿都毁灭前，他的狭隘情绪不会消失。他们的争执，或许也能称之为单方面的怨恨，可以追溯到扎马战役，当时加图在西庇阿麾下担任财务官，那时他已对西庇阿的希腊式做派十分厌恶，不愿和他住在同一个地方；西庇阿在分配战利品时对士兵慷慨大方，加图对此极为不满。

幸运的是，有一些明显的事实推翻了奈波斯和普鲁塔克在这一问题上的陈述。元老院在决定解散加图在西班牙的军队的同时，也拒绝了西庇阿提出的将马其顿作为其执政官管辖省份的请

① 黄色报刊是指那些用耸人听闻的方式来报道新闻的报刊。

求，并同样解散了该行省的军队。于是加图也回来了，并在西庇阿执政之初举行了凯旋式。由于没有军队，显然也没有地方总督的职位，这表明西庇阿希望在其执政官任期结束后去西班牙的说法是不实的。

然而，他留在罗马，不去寻求其他海外省份职务的真实动机不难猜测。他预见到了安条克的危险，由于元老院拒绝提前布局，战争不可避免，西庇阿想要随时待命，静候召唤并为此做好 214
了准备。他是对的，因为汉尼拔甚至在那时就建议安条克三世远征意大利，他一如既往地坚持在意大利的军事行动是打败罗马的唯一关键，因为这样的入侵可以大大削弱罗马人力和资源的输出。作为先决条件，汉尼拔提议拨给他一支军队，登陆阿非利加，策动迦太基人起义；而安条克三世则应进入希腊做好准备，等时机成熟时，就启程前往意大利。

汉尼拔的使者、一个名叫阿里斯托（Aristo）的提尔人在迦太基遭到反汉尼拔派的告发。阿里斯托逃走了，但这一举报引起了内部纷争。马西尼萨认为时机成熟，可以侵占迦太基的领土了。

迦太基人派人到罗马去申诉，马西尼萨则为自己辩解。迦太基人的使节对阿里斯托的使命及逃跑的陈述引起了罗马人的不安，而马西尼萨的使节们则助长了这一怀疑的火焰。元老院决定派遣一个调查团进行调查，西庇阿被提名为三位成员之一，但调查后，“一切悬而未决，他们的意见既不偏向这一方，也不偏向

另一方”。未能做出裁决对西庇阿来说并不光彩，因为他对双方
215 都有足够的了解和影响力，理应当场解决争议。李维暗示说，调查人员可能是按照元老院的指示而未做裁决，并补充说，鉴于目前的总体形势，“搁置争议是非常有利的”。他的意思大概是说，当汉尼拔谋划入侵时，让迦太基人忙于自身事务而无暇支持他是一种策略。

这一年年底发生的事件，为西庇阿的事业投下了一道强光——更确切地说是暮色。执政官的两名贵族候选人分别是狗头山会战胜利者的兄弟卢基乌斯·昆克提乌斯·弗拉米尼努斯（Lucius Quinctius Flamininus），以及与西庇阿同名的、同父异母的兄弟普布利乌斯·科尔内利乌斯·西庇阿。

李维恰如其分地为我们讲述了这一结局：“最重要的是，两名候选人的兄弟是这个时代最杰出的两位将军，这使竞争更为激烈。西庇阿的声望更为显赫，但也正因其显赫，更易招致嫉妒。昆克提乌斯的成就是新近取得的，因为他在当年举行了凯旋式。此外，近两年来，前者持续地出现在人们的视线中；在这种环境下，仅仅是出于厌倦感，伟大的人物也都不那么受人崇敬了。”
216 “昆克提乌斯在得胜归来后既没向民众提出任何要求，也没从民众那里得到任何东西，这是从来没有过的，因而取悦了大众；他说：‘他是为自己的亲兄弟，也是战争中的副将和战友拉选票，而不是同父异母的兄弟。’”他的兄弟在对抗马其顿的腓力时指挥过舰队。“通过以上言辞，他达到了目的。”卢基乌斯·昆克

提乌斯当选。后续西庇阿再遭挫败，尽管他亲自出马游说，但他的老伙伴和副手莱利乌斯未能赢得平民执政官的选举。民众永远是变化无常和健忘的，他们喜欢的是冉冉升起的新星而非落日余晖。

与此同时，战争的阴云正在东方聚集。安条克三世将他的女儿嫁给埃及国王托勒密，以保护自己的后方。然后他向以弗所（Ephesus）推进，但因与皮西迪亚人（Pisidians）打了一场局部战争，耽误了时间。在爱琴海的另一边，埃托利亚人正努力挑起反对罗马人的战争，并为安条克三世寻找盟友。相反，罗马却因多年的争斗而疲惫不堪，想方设法推迟或避免与安条克三世的冲突。为此元老院派遣使团前去交涉，根据阿奇利乌斯[①]用希腊语写的史料，李维陈述说，西庇阿·阿非利加努斯受托执行这项任务。使节们去了以弗所，途中驻足的时候，他们“煞费苦心地 217
频繁约见汉尼拔，以试探他的意图，并消除罗马人的威胁带给他的恐惧”。这些会面产生了意外、间接但重要的后果，即双方晤谈的传闻让安条克三世对汉尼拔起了疑心。

但是，如果阿奇利乌斯的记载可靠的话，这些交流中最让我们感兴趣的，是西庇阿和汉尼拔的一段对话。西庇阿询问汉尼拔：“你认为谁是最伟大的统帅？”后者回答说：“亚历山大……因为他用一支小部队打败了数不清的军队，还因为他征服了最偏

---

① 即盖乌斯·阿奇利乌斯（Gaius Acilius，生卒年不详），罗马元老院元老，精通希腊语的业余历史学家，用希腊语记叙过罗马历史。

远的地区，仅仅是为了考察那在人类雄心之上的事物。”西庇阿又问：“那么你把第二名给谁?”汉尼拔回答说：“给皮洛士。因为他首先教会了人们扎营的方法；此外，从未有人在选择阵地和部署战位时表现出如此敏锐的判断力；同时，他还掌握了赢得人心的技巧，他做得如此之好，以至于连意大利当地人都希望他这个外国的君主做他们的统治者，而不是罗马人……”西庇阿继
218 续问：“那你尊谁为第三?”汉尼拔回答说：“毫无疑问，是我自己。”西庇阿笑了，补上一句：“如果你打败了我，你会怎么排呢?”“那么，我不仅要把汉尼拔置于亚历山大和皮洛士之上，还要把他放在所有统帅之前。”

“这个带着迦太基式油滑的回答，传达出一种出人意料的恭维，西庇阿非常受用，因为这使他在统帅群体中脱颖而出，成为无与伦比的杰出人物。”

这个使团并没有从安条克三世那里得到直接回复，“万王之王”因在亚洲的成功而骄傲自大，对自己的力量过于自信，未能从迦太基和马其顿的前车之鉴中吸取教训。他对军事力量的评估完全是以数量为标准。

罗马元老院终于意识到战争是不可避免和迫在眉睫的，开始为这场新的斗争做准备。首先，他们提前进行了执政官选举，以便为来年做准备；新的执政官是上一年落选的普布利乌斯·西庇阿和曼尼乌斯·阿奇利乌斯（Manius Acilius）。接着，巴埃比乌斯奉命带他的军队从布鲁迪辛乌姆（Brundisium，今天的布林迪西）

渡海进入伊庇鲁斯，使节也被派往所有同盟城市，以阻止埃托利
亚人煽风点火。然而，埃托利亚人通过外交手段和武力取得了一 219
些成功，除了在整个希腊引起普遍的骚动外，他们还尽力催促安条克三世赶来。如果精力能与自信相匹配，安条克三世很可能在罗马人能够挫败他之前就已经控制了希腊。更糟糕的是，他没有采纳汉尼拔的方案，也放弃了远征阿非利加的计划，因为他的嫉妒心让他担心，一旦被赋予职务，公众舆论便会认为汉尼拔才是真正的指挥官。即使最终还是登陆了希腊，但他姗姗来迟且兵力不足，因而也错失了机会：他把军力和时间浪费在对泰萨利（Thessalian）城镇的小规模进攻，以及在哈尔基斯（Chalcis）无所事事的享乐上。

这个时候，在罗马，执政官们在抽签决定他们要管辖的省份；希腊落入阿奇利乌斯之手，他将要统率的远征军在布鲁迪辛乌姆集结。一些代表被派去迦太基和努米底亚购买谷物，以供补给。迦太基人本着要履行与罗马的条约的原则，以及对西庇阿在扎马战役之后明智的政策的敬意，不仅将谷物作为贡品免费提
供，而且愿意为罗马配备一支舰队，并一次性支付后续多年的年 220
贡金。然而，罗马人要么是出于他们引以为荣的自力更生原则，要么是不喜欢受迦太基的恩惠，拒绝了舰队和金钱，坚持要为粮食买单。

与所有这些准备工作相对的是，安条克三世太晚才意识到危险。他的盟友埃托利亚人只提供了四千人，他自己的军队被拖在

亚细亚，此外他还和马其顿的腓力闹掰了，后者坚定地站在罗马一边。他以一支只有一万人的部队占领了温泉关口的阵地，但他们没能重演不朽的斯巴达人的英勇抵抗，被击溃了。于是，安条克三世将他埃托利亚盟友的命运弃之不顾，从爱琴海扬帆返航。

然而，罗马不愿满足于这一结果。它意识到其在希腊的军队打败的仅仅是安条克三世的前卫部队，而不是其主力，如果安条克不被压制，他将永远是一个威胁。进一步讲，只要他以以弗所为据点控制小亚细亚，罗马人的忠实盟友——帕加马人（Pergamenes）和罗德岛人（Rhodians），以及爱琴海亚细亚一侧的希腊城市——都受他的支配。所有这些理由都促使罗马反击入侵。

221 汉尼拔深邃的战略眼光再一次获证是正确的，因为他宣称“他对罗马人还没有进入亚细亚，而不是对他们的到来感到惊讶”。这一次，安条克三世听从他伟大顾问的建议，强化了驻军，并保持对海岸的持续巡逻。

第十四章
最后阶段

罗马此时处于仅次于汉尼拔战争的紧要关头，它在宿将中寻 222
找新的救世主。如果说敌情没那么严重，距离也没那么近，那么至少风险看起来更大，因为它的军队要冒险进入未知的世界。罗马和亚洲文明之间第一次大的军力对抗即将上演，而战争舞台却惊人的遥远，通过漫长且不安全的后勤路线与祖国相连。危难关头，记忆被唤醒了。面对新的考验，罗马想起了那个曾在最后时刻拯救了它的人；此人多年来一直待命，准备应付他预言的状况，之前他的看法无人理睬。然而，西庇阿本人并未作为执政官出场——很难猜测为何如此。可能是他认为妒忌的力量太强大，
不想冒这个险；又或者是对前一年在执政官竞选中落选的兄弟卢 223
基乌斯的挚爱和同情，激起了西庇阿给他机会的想法。西庇阿已经足够成功，在职业生涯中，他随时准备与他的助手分享荣耀。他从不嫉妒他人的名声，只把此心态留给气量狭隘之辈。他的目的是服务国家，而且他知道，如果卢基乌斯是执政官，他也可以事实上行使权力，而胜利名义上归属于卢基乌斯。

他兄弟的当选没碰到任何问题，与他一起当选的平民出身的执政官是盖乌斯·莱利乌斯——西庇阿的老助手。西庇阿可能为此做了工作，目的是确保希腊无论成为谁的行省，他都能够对其

行动施加影响。然而碰巧的是，两人同时当选，这使他陷入尴尬的境地，他不得不支持他的兄弟，而反对他的朋友。因为两位执政官自然都很想获得希腊的管辖权，这意味着主导对抗安条克的战事。莱利乌斯在元老院颇有影响力，他要求元老院直接裁决——抽签对他来说太不确定了。于是，卢基乌斯·西庇阿要求给他点时间以寻求建议，并咨询了西庇阿，“西庇阿要他毫不犹豫地把这个问题交给元老院定夺”。然后，在元老院，当一场旷日持久的辩论眼看要开始时，西庇阿站了起来，提出“如果元老们把这个行省的管辖权交给他的兄弟卢基乌斯·西庇阿，他就
224 将以副手的身份一道前往那里”。这项提案“得到了几乎所有人的赞同”，并几乎以全票通过，争端于是解决了。

尽管很明显是西庇阿策划了此种结果，但这一事实并没有影响我们对他的高度评价，作为罗马史上最杰出的统帅，他甘愿屈居副职。即便手段不光明正大，但其动机是最纯粹的——拯救他的国家，把奖赏留给他人。除了血缘关系外，西庇阿无疑确信通过自家兄弟相较莱利乌斯更能实现真正的掌控。尽管后来卢基乌斯对埃托利亚同盟的强硬态度说明蒙森对他“只是个傀儡”的判断是错的，但同一个指挥部内两个优秀的领袖并非一个好的组合。此事足见西庇阿与莱利乌斯情谊之坚——这番举动并没有恶化他俩的关系。莱利乌斯日后对波里比阿盛赞西庇阿的伟大，足证其胸襟宽广，亦可见西庇阿品格之卓绝。

除了从阿奇利乌斯那里接手希腊的两个军团之外，执政官还

得到了三千名罗马步兵和一百名骑兵，以及拉丁联盟的另外五千名步兵和两百名骑兵。甚至当西庇阿要动身的消息一传出，就有 225
四千名参加过汉尼拔战争的退伍军人自愿“在他们敬爱的领袖麾下”再次出征。

远征始于公元前 190 年 3 月（罗马历七月），但由于元老院顽固地拒绝给予埃托利亚同盟合理的和平条件，后者被迫重新拿起武器，并在山中的据点持续顽抗，因此进入亚细亚的行动被推迟了。讽刺的是，西庇阿向来以政治怀柔实现军事目标，这次却反受元老院无度强硬的拖累。

当西庇阿兄弟在伊庇鲁斯登陆时，他们发现交给他俩的阿奇利乌斯的军队被游击战束缚了手脚。西庇阿一马当先，而他的兄弟带着主力跟在后面。在抵达阿姆菲萨（Amphissa）后，雅典特使拜会了他们俩，特使先是与西庇阿谈话，后来又和执政官交流，请求对埃托利亚同盟宽大处理。“他们从西庇阿·阿非利加努斯那里得到了一个宽容的回复：他希望用一个体面的借口来结束埃托利亚战争，并把目光投向亚细亚和安条克国王。”显然，西庇阿以其惯有的远见，事实上策动了雅典使团此次出使，并另
派使团前往埃托利亚同盟。作为以和平为手段争取胜利的使者， 226
西庇阿与豪斯上校[1]比亦不逊色。在雅典人的斡旋下，埃托利亚

① 即爱德华·豪斯上校（Colonel Edward House，1858~1938 年），美国商人、外交家，人称“豪斯上校”。他从未参军，却是多位美国政治家（包括伍德罗·威尔逊、富兰克林·罗斯福等）幕后的智囊，曾任驻英、法、德等国的总统代表，协助起草《凡尔赛和约》以及《国际联盟盟约》，以足智多谋著称。

同盟向罗马营地派来一个庞大的使团，并从西庇阿·阿非利加努斯那里得到了最令人鼓舞的答复。但是，当这个决定被递交给执政官时（这是必需的），卢基乌斯的回答是不能妥协，他一拳打破了他兄弟精心编织的罗网。埃托利亚人再度遣使，仍遭断然回绝。然后，雅典首席特使建议埃托利亚同盟只要求休战六个月，以便他们可以派一个使团去罗马。这个主意是谁出的非常明显，根本无须猜测。于是，埃托利亚的使节们返回，“首先向普布利乌斯·西庇阿提出申请，通过他，从执政官那里获得了所期望的休战期限”。

就这样，通过外交手段，西庇阿保障了他的交通线，并让自己的军队腾出手来；他寻求和平解决，并避免卷入次要事件，这是节省兵力和盯住真正目标的一个实例。

执政官从阿奇利乌斯手中接管了军队，决定带领所部通过马其顿和色雷斯进入亚细亚[①]，走较长的陆路而不是较短的海上路
227 线，因为安条克三世在以弗所有一支舰队，同时汉尼拔在腓尼基（Phoenicia）训练另一支舰队，专为阻止他们出海。西庇阿赞成这条路线，却告诉他的兄弟，一切都取决于马其顿国王腓力的态度：“因为如果他忠于我们的政权，就会给我们开放道路，并提供长途跋涉所需的一切给养和物资。但若他从中作梗，你在色雷斯的任何地方都将不得安生。因此，在我看来，当务之急是探明国王

① 原文为阿非利加，但结合上下文应为笔误。

的立场。你派人突然造访，而不是事先告知他，最能试探出他的真实态度。”

根据这个建议，同时也基于安全和心理战术，一个特别活跃的年轻人，提比略·格拉古接受派遣，他接力骑马，速度极快，以至于他在不到三天的时间里，从阿姆菲萨赶到了佩拉（Pella）——也就是从科林斯湾到萨洛尼卡——并在宴会中找到了腓力，后者正喝得烂醉如泥。如此就消除了他打算做任何阻挠的嫌疑。第二天，格拉古看到了准备就绪的补给库、河面上架起的桥梁、加固的山路——为迎接罗马军队的到来做好了准备。

然后格拉古骑马返回，跟军队会合，大军因此能够从容地通
过马其顿。在经过腓力的领地时，腓力迎接并陪伴着西庇阿一 228
行，李维叙述说：“腓力性格温和，富有幽默感，这使他很受西庇阿欢迎，在各方面都无与伦比的西庇阿，也乐于接纳那种不矫揉造作的礼貌与风度。”军队随后穿过色雷斯，向赫勒斯滂（Hellespont），即今达达尼尔海峡进发，其走的路线显然与薛西斯一世入侵希腊时相同，只是方向相反。

他们能够顺利渡过达达尼尔海峡，不仅得益于自己舰队的行动，也因为安条克三世的种种失误。为了夺取把守海峡通道的要塞，罗马海军指挥官李维乌斯（Livius）按指示，向达达尼尔海峡驶去。塞斯托斯（Sestos）——现在的迈多斯（Maidos）——已经被占领；阿拜多斯（Abydos）——现在的查纳克（Chanak）——正在为投降而谈判；这时李维乌斯得到了意外的消息，作为盟军

的罗德岛舰队在萨摩斯岛（Samos）被击败了。他放弃了他的主要目标——这可能会打乱西庇阿的计划——并向南航行，以恢复爱琴海的海上局势。然而，在一些漫无目的的行动之后，汉尼拔的舰队赶到并被击败——这是汉尼拔第一次也是最后一次海战，
229 地中海的局势变得明朗起来。八月，罗马人获得了第二场胜利，
这次是战胜了安条克三世的爱琴海舰队，确保了罗马的制海权。

安条克三世方面，失去制海权让他采取了一项旨在确保安全的行动，但事与愿违。由于无法渡过达达尼尔海峡来保卫自己的西部领地，他下令驻军从利西马其亚（Lysimachia）撤退，“以免被罗马人断了退路”。利西马其亚就在今天博拉耶尔（Bulair）附近，要强攻这一带的防线在古代几乎是不可能的，因为它控制着加里波利半岛的狭窄地峡，易守难攻，守军本可能一直坚持到冬天。也许除了海军失利之外，另一个因素是他未能与比提尼亚（Bithynia）国王普鲁西亚斯（Prusias）结盟。比提尼亚的沿海地带部分临黑海，部分临马尔马拉海（Marmora）。安条克三世试图利用普鲁西亚斯对遭罗马吞并的恐惧，但西庇阿深邃的战略眼光再次预见到了这一举动，并采取措施将之消弭。在到达加里波利的几个月前，西庇阿给普鲁西亚斯写了一封信，以消除这一顾虑。“西班牙的那些小部落的首领们，”他写道，“与我们结盟的，可以继续当他的国王。马西尼萨不仅重建了他父亲的王国，而且还得到了西法克斯的疆土。”这是多么巧妙的暗示！

230 海军获胜和安条克军队从利西马其亚撤离的这两条消息，在

西庇阿兄弟进抵艾诺斯（Aenos）时送到，他们松了一口气，继续向前推进，占领了这座城市。为了让辎重和病员赶上来，他们停了几天后沿着切尔松尼斯（Chersonese）——加里波利半岛——向南行进，抵达海峡并顺利渡海。然而西庇阿没有同行，他的身份是战神祭司之一，他因其宗教义务留下来。在圣盾节（festival of Sacred Shields）期间，其祭司职责要求他停留在他所在之地，直至月末——没了西庇阿，军队就失去了动力，因为“他本人成了拖延的根源，直到他赶上大部队”。不必要的拖延远非其作战特征，因此这一事件表明他的虔诚是出自真心，而不仅仅是激励军队的心理工具。当军队在等待他的时候，一名使节从安条克三世那里来到了营地，他奉国王之命，要先跟西庇阿会晤。在就使命进行商议前，他也在等待西庇阿。

“他身上承载着最大的希望，除了伟大的灵魂，他众多的荣耀往往使他倾向于和平，所有的国家都知道他曾是什么样的征服 231
者，无论是在西班牙还是后来在阿非利加；也因为他的儿子当时是安条克三世的战俘”（李维）。至于他的儿子是如何被俘的，是在骑兵远程侦察中，还是如阿庇安[1]所说，在更早的海上行动中，我们尚不清楚。

在一次全体会议上，叙利亚使节提出了和平的先决条件，即安条克三世放弃与罗马结盟的小亚细亚的希腊城市——因为他已

---

① 即亚历山大的阿庇安（Appian of Alexandria，95～165 年），罗马历史学家，代表作为《罗马史》。该书共二十四卷，但只有约一半的文字存世。

经撤离了欧洲，并要向罗马人支付战争费用的一半。而会议认为这些让步是不够的，安条克三世应放弃靠近爱琴海的整个希腊海岸线，让出托罗斯山脉（Taurus mountains）以西的小亚细亚的全部土地，以建立一个广袤、安全的中立区。此外，他应该支付战争的全部费用，因为战争是他挑起和发动的。

遭到断然拒绝后，使节根据他接到的指示，寻求与西庇阿进行私下会面。“首先，他告诉西庇阿，国王将放还他的儿子，不收赎金；然后，由于他对西庇阿的性情和罗马的礼仪都一无所知，他承诺献上巨额黄金，并许以除国王头衔外与安条克三世共治国家的条件，前提是借西庇阿之手促成和约。”对于这些建议，西庇阿回答说，“当我看到你没有意识到你的君主的军事处
232 境时，我就不那么惊讶了，因为你对罗马人以及得令须见到的我，都是一无所知。若真想以战争格局未卜之态求和，你就应该守住利西马其亚，以阻止我们进入切尔松尼斯（加里波利），或者在赫勒斯滂抗击我们，以阻止我们进入亚细亚。但是，现在进入亚细亚的通道已经敞开，我们不仅备好了马，而且已经骑上了它，当你必须服从命令的时候，还能有什么平等的谈判条件留给你呢？不过国王愿意放还我的儿子，这份厚礼我自当铭记。我向诸神祈祷，愿我永远无须受此厚待，我的头脑永远不被别人左右。至于他对我的慷慨之举，我会心存感激。但须明言，若为私人恩惠，我只能以私谊相报答。然以公职身份，我不会接受他的任何馈赠，也不会赠与他分毫。我现在能给你的只有真诚的建

议。所以，去吧，以我的名义要求他停止敌对行动，不要拒绝任何和平条件”（李维）。波里比阿对最后一句话的说法则略有不同：“为了报答他就我儿子一事向我做出的承诺，我给他一个提 233
示，这个提示对得起他给我的恩惠：不惜一切代价让步，别跟罗马人开战。”

安条克三世对这一建议置之不理，决定继续整军经武，因为他已准备就绪。罗马执政官的部队随后向东南方向进军，经特洛伊向吕底亚（Lydia）进发。“他们在卡伊库斯河（Caicus river）源头附近安营扎寨，为突袭安条克三世做准备，以便赶在冬季的寒冷会阻碍行动前将其击败。”安条克三世在推雅推喇（Thyatira）——现在的阿克希萨尔（Akhisar）——与他们对峙。但就在这一刻，在最终章的帷幕即将拉开，西庇阿要收获战略果实时，命运之神介入了。他因病卧床不起，只得被送往海滨的埃俄利斯（Elaea）。安条克三世听说了此事，就派人把他的儿子送了过去。儿子的意外归来使西庇阿感到宽慰，加速了他的康复。他对护卫说：“告诉国王，我要感谢他，现在我只能给他忠告，别无他法。那就是，在听说我重新回到部队之前，不要开战。”这句话的意思显然是，若他在场指挥，至少可保国王性命无虞。

尽管国王拥有一支由六万二千名步兵和一万二千多名骑兵组 234
成的庞大军队，但他接受了这一忠告，随即撤到盖迪兹河（Hermus river）后面，在马格尼西亚（Magnesia）——现在的米尼萨（Minissa）——建立了一个坚固的营地。然而，执政官盯着他不放，见安条克三世拒绝交战，就召开了军事会议。虽然罗马人只有两个军团，两个兵力相当的联盟军团，以及一些地方分遣队（共约三万人），但他们得出一致结论："这是罗马人最瞧不上的敌人了。"不过他们无须进攻对方营地，因为第三天，安条克三世担心避战影响其军队的士气，便出击投入战斗。

尽管罗马人最终获得了决定性的胜利，但他们显然没有掌握西庇阿的战术，甚至一度陷入困境乃至危局。因为当罗马人向敌人的中央推进，他们的大批骑兵攻击敌人的左翼时，安条克三世亲自率领他右翼的骑兵，在几乎毫无抵抗的情况下过了河，向执政官军队的左翼猛压过来。此处的罗马军队被击溃，逃向营地，幸亏护民官果断收拢队伍，扛过了险境，直到增援部队到来。安
235 条克三世未能得手，看到重兵集结向他袭来，就逃到了萨第斯（Sardis），他手下溃军中的幸存者紧随其后。继续抵抗是毫无希望的，他的西部领土四处瓦解，附庸诸邦皆与罗马媾和。因此，他回到了阿帕梅亚（Apamea），并且向驻扎在萨第斯的执政官派出求和使团。此时康复的西庇阿也从埃俄利斯启程前往该地。

在使团抵达之前，协约已定，双方同意由西庇阿来宣布条款。"他首先说，罗马人不会因为打了胜仗就抬高门槛。"条件与马格尼西亚战役前相同，当时还胜负未分。现在的条约并未因国王陷入困境而变得更加苛刻：安条克三世退到托罗斯山脉的另一边；支付一万五千塔伦特的战争费用，一部分一次付清，其余

的分十二年偿还；交出二十名经过挑选的人质，作为他诚意的保证。此外，安条克三世还要交出汉尼拔——因为“很明显，只要他还在，罗马就不可能指望享受和平”，以及其他一些臭名昭著的战争煽动者。汉尼拔得知这一条款后，立即逃往克里特岛（Crete）避难。

在阿非利加和希腊，这些条款的显著特征在于，罗马人仅仅 236
寻求安全和繁荣。只要是西庇阿引导下的罗马的政策，就能避免吞并及其所有的危险和麻烦。他的目标仅仅是确保普遍和平之下罗马的利益和影响力，并使之免受外部威胁。此乃真正的宏图大略——它没有试图吞并安条克三世的固有疆域，只是迫使他退居至理想的战略边界托罗斯山脉之后，然后建立一系列独立自主的缓冲国，作为托罗斯山脉和爱琴海之间的第二道防线。这些国家显然是罗马的盟友，而不是它的臣属；通过加强和奖励那些在战争期间一直保持忠诚的盟友，罗马可将小亚细亚组织起来以求安全。西庇阿的继任者走上了宿命般的兼并之路，但如果不推翻他的政策，历史进程又会发生怎样的改变？当蛮族入侵时，他们发现，罗马施加的约束早已被完全罗马化的地中海世界的诸王国抛至脑后了。就这方面而言，这些城邦已经萎靡不振，继而成为罗马的累赘和弱点；成为政治上软弱无力的一环，而非西庇阿所设想的充满阳刚之气的前哨。

关于与安条克三世和解，以及清除了地中海区域对罗马最后 237
的威胁，有个令人莞尔的尾声：卢基乌斯·西庇阿在返回罗马时，“选择被称为亚细亚提库斯（Asiaticus，亚细亚征服者），这样一来，他在姓氏的荣耀上就不会比他的兄弟逊色了”。他还采取措施，确保自己的“凯旋式”在排场上胜过西庇阿征服迦太基的那次。西庇阿本人获得的唯一奖赏，是第三次被提名为元老院首席元老。

第十五章
黄昏

西庇阿温和及富有远见的政策，在扎马战役之后的几年里曾 238
使得他的影响力有所削弱，现在导致了他在政治上失势。事件的顺序有点模糊，但轮廓是清晰的。以加图为首的狭隘的党派，不满足于解除敌人的武装，而要求毁灭敌人，对这种仁慈且明智的和平，他们恼怒不已，以至于把愤怒发泄到这一政策的制定者身上。由于无法撕毁和平协议，他们策划扳倒西庇阿，并认定收受贿赂是看似最合理的指控。老实讲，也许像加图这样的人，想不出有什么理由要去慷慨地对待一个被征服的敌人。然而，他们似乎足够聪明，没有先攻击较强的西庇阿本人，而是先瞄准弱者，通过攻击他的兄弟来间接攻击西庇阿。

他们的第一步似乎是起诉卢基乌斯侵吞安条克三世支付的赔 239
款。西庇阿对这一指控非常愤慨，以至于当他兄弟拿出账簿时，他把账簿抢了过来撕成碎片，扔在元老院的地板上。这种行为虽然算不上明智，但很符合人性。任何人都该站在他的位置上思考一下：他以无与伦比的贡献，把罗马从水深火热中解救出来，将她提升为世上无可置疑的女王；然后，正如他愤慨所言，要交代清楚四百万塞斯特斯（sesterce）的账目，而他的努力让国库增加了两亿塞斯特斯。我们还必须记住，西庇阿这时已身患疾病，离死期不远了，而病人往往是易怒的。毫无疑问，在后来病入膏肓的岁月里，西庇阿表现出来的那种极度自信，也逐渐变成一种近乎傲慢的态度。因此，波里比阿告诉我们，在这种场合，无论是这次还是后来的审判中，西庇阿都尖刻地反驳说："罗马人竟有脸听取对普布利乌斯·科尔内利乌斯·西庇阿的指控——要知道这些指控者之所以还能开口说话，全赖此人之功！"他拒绝接
240 受强加给他的王权，满足于做一个普通公民，但他期望因崇高的贡献而得到某种程度的特殊礼遇。

然而，这种目中无人的举动给了他的敌人梦寐以求的机会。两个护民官，佩蒂利乌斯兄弟（the Petilii），在加图的唆使下开始起诉他，说他接受了安条克三世的贿赂，以换取其宽容的和平条件。这消息使全罗马人都骚动起来，议论纷纷。"不同的性情的人，对此的看法不一样；有些人并不责怪平民护民官，而是谴责竟然允许此类诉讼进行的全体民众"（李维）。人们经常说的一句话是："世界上两个最伟大的国家几乎同时证明，它们对自己的统帅毫不感恩戴德；但罗马更是忘恩负义，因为迦太基是在被征服后流放吃了败仗的汉尼拔，而罗马是在胜利后驱逐了阿非利加的征服者。"

反对的一方争辩说，任何公民都不应该高高在上，对自己的行为不负责任，审讯最有权势的人对国家是有好处的。

在听证会到来的那天，"西庇阿在一大群人的簇拥下出庭回
241 应对他的指控，而从未有其他人，包括西庇阿本人——在他担任

执政官或监察官的时候——曾被这么多人护送到法庭”。案件开始审理后，因缺乏确凿证据，平民护民官们就把他在西西里过冬时期的希腊式奢侈习惯和洛克里事件的旧日罪名翻了出来。说话的是护民官，但显然言辞是加图想出来的。因为加图不仅是费边的信徒，而且他本人在西西里时也曾提出毫无根据的指控，但这些指控之前已被调查团驳回了。烟雾过后就该释放毒气了。为了找出证据，他们转而强调其子未有赎金便被释放，以及安条克三世如何将和谈提议直接递交给西庇阿。“在行省，他是以独裁官而非副手的态度对待执政官。正如在西班牙、高卢、西西里和阿非利加早已确立的信念那样，他到希腊和亚细亚去，不是为了别的，而是因为他认为只有他是罗马政权的首脑和支柱。一个曾是世界主宰者的国家，现在却在西庇阿的庇护下；他点头就相当于元老院的法令和人民的命令。”

言辞堆砌却空洞无力，如此拙劣的指控却被华丽的辞藻掩
盖。正如李维所说，其目的是“唯借妒火攻讦，竭力玷污那本 242
不可玷污之人”。这场指控一直持续到黄昏，判决推迟到第二天。

第二天早上，当护民官们就座，传唤被告来申辩时，他以个人特有的方式进行了回答。双方皆无实证可循，他傲气十足不屑于辩解，于敌于友，也都不愿做过多纠缠。因此，在其职业生涯的最后一次心理反击战中，他取得了戏剧性的胜利。

“护民官们，还有你们，各位罗马人，今天是我在阿非利加

与汉尼拔和迦太基军队激战，有幸取得胜利的周年纪念日。因此，在今日，我们最好停止诉讼和争吵，我要立刻去卡匹托尔山，向代表最高力量的朱庇特神、朱诺神、密涅瓦神，以及其他保佑神殿与卫城的神表示感谢，我会感谢他们，因为在今天以及其他许多时候，他们赋予了我为国家做出卓越贡献的意愿和能力。选择我的罗马人民，你们也跟我来，祈求神赐予你们像我一样的统
243 帅。从我十七岁到垂垂老矣，你们给予我荣誉时从未考虑我的资历，而我也以功业回应你们的恩情。”

于是，他向卡匹托尔山走去，所有与会的人也跟着去了；最后，连书记员和传令官也跟着他，把控告他的人扔在空无一人的法庭上。“（这一天）罗马人对他的崇拜以及对其伟业的高度评价，几乎超过了因他战胜西法克斯和迦太基，举行凯旋式穿越罗马城的那一天。”“然而，这是普布利乌斯·西庇阿光芒闪耀的最后一天。因为他能预见到，被推迟的判决将会只剩下出于嫉妒的指控和护民官们无休止的聒噪。他回到了自己在利特努姆（Liternum）的庄园，并下定决心缺席审判。他的性情天生就非常高傲，而且习惯于高不可攀的地位，以至于他不知道如何扮演被告的角色，也不知道该如何屈尊，低眉顺眼地为自己的事业辩护”（李维）。

当审判随后继续时，他被传唤，卢基乌斯·西庇阿提出，他兄弟缺席的原因是生病了。负责起诉的护民官们拒绝认可这一点，称这只是他习惯性地无视法律，并谴责民众跟着他去了朱庇

特神庙，以及民众当下缺乏决心："当他手中有军队和舰队时，我们有足够的决心派人去西西里……把他带回罗马，但我们现在却不敢强制他从乡下过来受审，尽管他只是个普通公民。"然而，他们未能得逞。卢基乌斯向其他平民护民官们提出申诉，护民官们的提议是，同意以生病为由，审判再次延期。但护民官提比略·格拉古提出异议，众人清楚他和西庇阿之间有过节，以为他会做出更严厉的裁决。事与愿违的是，格拉古宣称："既然卢基乌斯·西庇阿以自己兄弟生病为理由进行辩解，那么这已经足够了；他不会让普布利乌斯·西庇阿受到指控，除非他回罗马，即使到那时，如果西庇阿向他申诉，他也会支持他拒绝接受审判。普布利乌斯·西庇阿凭其丰功伟绩、罗马人民所授之荣誉，以及神与人之共许，已臻尊贵之巅——如果他作为罪犯站在讲坛之下，听年轻人的侮辱，那将是罗马人的耻辱，而不是他的耻辱。" 244

李维补充说，格拉古在做出裁决后发表了一段愤慨的演讲："西庇阿，著名的阿非利加征服者，应该站在你们——护民官们——的脚下？是因为他在西班牙打败了四位迦太基最杰出的将军和他们的四支军队？他俘虏了西法克斯，打败了汉尼拔，让迦太基向你们臣服纳贡，把安条克国王撵到托罗斯山脉那边，就为让自己卑躬屈膝于两个鼠辈之下？你们理应获得对阿非利加征服者的胜利吗？"这番演讲和他的裁定给人留下深刻的印象，以至于元老院召开了一次特别会议，对格拉古"不顾私人恩怨仗义 245

执言”给予了最热烈的赞扬。检方遭到普遍的敌意，指控最后被撤销了。

“在那之后，有关西庇阿的事，人们都保持缄默。他在利特努姆度过了余生，不想重游罗马，据说他临终时下令将他的遗体葬在利特努姆……即便是他的葬礼，也不会在忘恩负义的祖国举行。”

他自我放逐于利特努姆，在公元前 183 年前后去世，这似乎是确定无疑的，但他的埋葬地点不太确定，在利特努姆和罗马都
246 有他的纪念碑。西庇阿辞世时只有五十二岁。巧合的是，他的劲敌汉尼拔与他几乎同时逝世，可能还是同一年，享年六十七岁。他在马格尼西亚战役后逃到了克里特岛，处于比提尼亚国王普鲁西亚斯的庇护之下。罗马元老院很明智地意识到，把他从最后一个避难所里揪出来是有损元老院尊严的事情，但是当地的将领弗拉米尼乌斯（Flaminius）却教唆普鲁西亚斯干掉他信任的客人，以此来赢得名声。汉尼拔随即服毒自尽，未让杀手得逞。

即使在西庇阿死后，他的敌人也不曾停手。他的离世反而“让他的对手胆子大了起来，为首的是马尔库斯·波尔基乌斯·加图；即使在西庇阿活着的时候，他也常常嘲讽西庇阿的卓越品格”。在加图的煽动下，对安条克三世贡品处置的调查被要求加快进行。卢基乌斯此时成了直接的目标，尽管账还是间接算到他兄弟头上。卢基乌斯与他的几个副手和幕僚被传讯，审判对他们不利。当卢基乌斯宣称他收到的所有金钱都已上缴国库，因此拒

绝做出赔偿保证时，他被判入狱。其堂兄弟普布利乌斯·西庇阿·纳西卡（Publius Scipio Nasica）提出了强烈的、令人信服的抗议，但裁判官宣布，只要卢基乌斯拒绝偿还相关款项，鉴于审 247
判结果，他没有选择的余地。提比略·格拉古再次介入，以使他的私敌免受羞辱。他凭借护民官职权，以卢基乌斯对罗马有功为由下令将其释放，并裁决让裁判官从卢基乌斯的财产中征收欠款。于是裁判官派人去收缴，但“不仅没有发现从安条克那里收受金钱的线索，而且变卖其财产所得甚至都不足以抵偿罚金”(李维)。这有力地证明了西庇阿是无辜的，并引起了公众的反感，“公众对西庇阿的敌意，转向了裁判官、他的顾问和原告”。

然而，名誉在去世后得以恢复，这对西庇阿生命的最后几年来说算不上是什么安慰。俗话说：“对伟人忘恩负义是伟大民族的标志。”难怪罗马成了古代世界的主宰。

第十六章
罗马的巅峰

248 拿破仑说："反复阅读亚历山大、汉尼拔、恺撒、古斯塔夫、杜伦尼、欧根亲王和腓特烈大帝这些著名统帅的战史，让自己效法他们，这是成为伟大统帅和寻求兵法奥秘的途径。"也许没有什么军事格言比这更广为人知了。他在另一句格言中说："对伟大的作战行动的认识，只有通过历练和对所有杰出将帅进行研究来获得。古斯塔夫、杜伦尼、腓特烈大帝、亚历山大、汉尼拔和恺撒，都按照同样的原则行事。"

在这里，拿破仑列出了六七位在战争史上最杰出的统帅。无论是有意还是无意，战争史研究者们普遍就这样接受了拿破仑的
249 战功评论清单——不仅是偶然提及——只要再加上拿破仑自己的名字就可以了。诚然，有些人觉得计入欧根亲王而将马尔博罗排除在外是荒谬的，而另一些人则排除了杜伦尼，原因可能是，这些人错误地认为，将领之"伟大"与毁灭之"巨大"是同义词，或者更好的理由是，相较于其竞争对手，他们的功业中缺乏决定性的战果。这样一来，你就会发现，不少评论家将三名古代世界的统帅——亚历山大大帝、汉尼拔和恺撒，以及三位现代将领——古斯塔夫、腓特烈大帝和拿破仑，列为军事史上的巅峰人物。腓特烈犯有严重的错误，而且其"斜线战术"最无创意，但他

比杜伦尼和马尔博罗这样完美的战争艺术大师更受青睐，这仍然是军事评论界的谜团之一。这里不是讨论此谬误的地方。我们在此聚焦于古代世界的伟大统帅，而若要与现代将领进行比较，拿破仑本人就是最合适的参照对象——因为他的地位几乎无可置疑。

让我们从三个方面——作为将军、作为个人、作为政治家——来考察，将西庇阿与这三位古代的伟大统帅进行比较。任何这样的比较都必须基于这些人所面对的环境，以及他们将其转 250
化为自身优势的技巧。

亚历山大大帝（恺撒也差不多）享有独揽大权这一巨大优势，完全控制了可用的力量和资源。如果说汉尼拔没有得到充分的支持的话，他也能免于对他行动的琐碎干预。而这是西庇阿、后世的马尔博罗，不得不与之抗争的所在。

亚历山大大帝的胜利是打赢了亚洲游牧部落，游牧部落缺乏战术秩序和战法，这抵消了他们在人数上的优势，正如拿破仑在其著名的对马穆鲁克（Mameluke）的评论中所表明的那样，亚洲武装力量的缺陷与他们的人数成正比。没有一个军事评论家把克莱武[1]排在伟大将领的前列，要不是因为作战策略之高超和征服规模之大，亚历山大一样会遭到低估。恺撒在打伊比利亚半岛诸战役和法萨罗会战之前，也是一个靠低水平敌手刷战绩的将领，而

① 即罗伯特·克莱武（Robert Clive，1725~1774 年），英国史称之为“印度的克莱武”（Clive of India），英国陆军将领、男爵。他在 1757 年 6 月 23 日的普拉西战役中以三千士兵大胜莫卧儿帝国五万人的军队，在英国控制南亚次大陆的过程中发挥了重要作用。

且正如他自己所说的，他去“西班牙打一支没有将军的军队，然后去东边打一名没有军队的将军”。即便如此，恺撒发现自己由于不明智地分散了兵力，两次陷入以少敌多的困境。第一次是在狄拉奇乌姆（Dyrrhacium），他吃了败仗，尽管他在法萨罗挽回了败
251 局，但仅此一次出色的胜利并不足以使他获得崇高统帅的地位。

然而，如果我们接受拿破仑的格言——“在战争中，重要的是将军而不是士兵”——那最重要的事实是，与亚历山大和恺撒对阵的指挥官，都以自身的软弱和无知帮他们铺平了道路。只有汉尼拔像西庇阿一样，不断地与训练有素的将领交手，而两者中，汉尼拔仍是占便宜的一方。他三场决定性的胜利——特雷比亚河战役、特拉西美诺湖战役和坎尼战役——所击败的将军不仅刚愎自用、鲁莽固执，而且更倾向于老实蛮干，愚蠢地蔑视任何讲究技巧的战术。汉尼拔深知这一点，在特雷比亚河战役中，他曾对埋伏起来准备实施侧翼打击的部队说：“你们的敌人对这种战争艺术一无所知。”弗拉米尼乌斯和瓦罗都是一勇之夫，在历史上他们的名字很容易与塔拉尔德①、道恩②、博利厄③、麦克马洪④这些

① 即塔拉尔德公爵（duc de Tallard，1652～1728 年），法国路易十四时代的贵族，外交家、元帅，在布伦海姆战役中兵败被俘。

② 即利奥波德·约瑟夫·冯·道恩（Leopold Joseph von Daun，1705～1766 年），奥地利元帅，是普鲁士腓特烈大帝的重要对手，用兵以谨慎保守闻名。

③ 即让-皮埃尔·德·博利厄（Jean-Pierre de Beaulieu，1725～1819 年），奥地利统帅，拿破仑的手下败将。

④ 即帕特里斯·麦克马洪（Patrice de MacMahon，1808～1893 年），法国军人，法兰西第三共和国第二任总统，1870 年 9 月在色当战役中战败被俘。

名字摆在一起。汉尼拔教会罗马人的是战争的艺术，而不仅是作
战的技艺。等罗马人真的学明白了，汉尼拔就难再占到大便宜
了。马克卢斯[1]和尼禄[2]能在他面前要点小花招，不过始终无法
取得决定性胜利。但在考察西庇阿的战绩时，我们发现他不仅一 252
直赢得战术胜利，而且从一开始他的对手就是接受过巴卡家族一派训练的将领，所有的证据都表明，汉尼拔的兄弟哈斯德鲁巴和马戈都不是拙劣的指挥官。而西庇阿军事生涯的巅峰扎马战役在历史上可谓独一无二，因为这是一位公认的伟大统帅凭借一己之力，决定性地击败另一位顶级名将的唯一一场战役。

因此，如果考虑到环境，以及在多大程度上能适应环境并将其转化为优势，那么西庇阿的卓越之处就显而易见了。

如果以为将之道作为衡量标准的话，人们普遍认为汉尼拔是超过亚历山大和恺撒的。亚历山大的胜利是方法上的胜利，计算准确，但没有任何巧妙的变化，也没给敌人设置陷阱。亚历山大尽管伟大，但在他身上仍然保留着荷马时代英雄的痕迹——过度推崇武力而轻视智谋。正是这种骑士气概，使其经常在战斗的最

---

① 即马库斯·克劳狄乌斯·马克卢斯（Marcus Claudius Marcellus，约前 270～前 208 年），古罗马国务活动家、统帅，第二次布匿战争中汉尼拔的重要对手，在西庇阿之前，仅有费边与他能勉强和汉尼拔对抗。与费边的保守谨慎不同，马克卢斯作战十分勇猛，这也导致他于公元前 208 年在一场小规模伏击战中阵亡。

② 即盖乌斯·克劳狄乌斯·尼禄（Gaius Claudius Nero，约前 247～约前 189 年），第二次布匿战争中的罗马将领，主要功绩是在公元前 207 年的梅陶鲁斯河战役中击败汉尼拔的弟弟哈斯德鲁巴·巴卡。

前线搏命，毫无必要地身处险境，让他的作战计划和下属部队处于崩溃的危险中。对他来说，提谟修斯（Timotheus）对喀瑞斯（Chares）的责备是很恰当的。提谟修斯说："当我被困在萨摩斯
253 岛之时，一道闪电落在我身边，我是多么羞愧；我觉得自己的行为方式更像是一个冲动的年轻人，而不是一个指挥如此庞大的军队的将军。"[1] 这种错误的蛮勇精神也解释了他在战斗中缺乏微妙的技艺，他拒绝了帕尔梅尼奥（Parmenio）的提议就是集中体现，即在阿贝拉（Arbcla）对大流士[2]实施夜袭，理由是他不会"窃取胜利"。恺撒的作战方案无疑更难预测，但并未达到汉尼拔的那种"迷惑、误导与出其不意"。汉尼拔在战争艺术上的天分得到了公认，他常常被称为史上最高明的战术家。然而在西庇阿的战例中，战术谋略的运用更为丰富。回想一下在卡塔赫纳对未设防战线的突袭、直接攻击的时机、潟湖里的行动，以及巴埃库拉之战中，通过双重包抄逆转地形劣势；还有伊利帕战役中变更行动时间与阵形，收缩中央防线，双重的斜线阵形，以及两翼同步的向心突击。正如丹尼森上校（Colonel Denison）在他的《骑兵史》中所指出的，伊利帕战役"被普遍认为是罗马军事史上战术技艺的巅峰"。我认为，研究战争的人，若从整体审视伊利帕战役——从战略谋划阶段到战场追击结束——必然会视其为

① 两者均为古希腊雅典将领。公元前357年，在镇压反叛时，前者认为在暴风雨中与叛军舰队交战并不明智，而后者坚持出击，结果船只损失惨重，战败而归。这里是提谟修斯批评喀瑞斯作为军人不三思而后行，只会蛮干。

② 波斯帝国君主，在多次败于亚历山大大帝后被部属刺杀。

史上无与伦比的典范。接着，要注意西庇阿是如何利用地形来对 254
抗敌人的数量优势，迫使其分散作战，同时做大范围转移来对付安多巴勒斯；还要观察他在萨拉埃卡之战中是如何引诱敌人进入埋伏圈的；以及研究他火攻巴格拉达斯营地的杰作：佯攻乌提卡、晚间的号声、两次攻击的时间与区别，还有他兵不血刃地拿下主要防御阵地——迦太基营地大门——的精妙之处。请聚焦在后来的大平原之战中，他传奇般地用他的二线部队和三线部队作为机动预备队实施包围，以及当舰队遇袭时，他如变色龙般迅捷，将陆战技艺转化运用至海战的神来之笔。最后，他在扎马遇到了一位无法用老套路击败、只能用更高明策略制胜的对手。我们在西庇阿愈发谨慎但巧妙有效的行动中，看到了他卓越的心理和战术判断力——他阵形中的“通道”；对抗战象时齐鸣的号角；对主力兵的有意召回；为包围汉尼拔的第三条战线，也就是主战线，而做出的深思熟虑的变更部署；还有那关键的暂停，赢得了骑兵返回的时间，最终在汉尼拔后方给予决定性一击。

在整个历史中，还有这样的军事艺术瑰宝吗？即便是汉尼 255
拔，他能表现出这样的独创性和多样性吗？此外，如果汉尼拔在野战中的典型战例比西庇阿的要少一些，那么在另外两个重要方面，他就更是空白了。连汉尼拔忠实的传记作家都承认，和腓特烈大帝一样，打围城战是他的弱点，他也没有什么战例可以与西庇阿对卡塔赫纳的突袭相提并论。这一突袭，因其艰难、精心策划和技巧以及迅捷的速度，在古代和现代都无与伦比。

汉尼拔战绩中的另一个更大的空白是，他未能穷追猛打，来完成和扩大自己的战果。他在哪里都没有展现战略追击，在特雷比亚河战役和坎尼战役后，他甚至没有进行战术追击，这几乎是不可理解的。相比之下，我们看到的是西庇阿在伊利帕战役后迅速而无情的追击，在大平原之战后更是如此——在拿破仑之前，这一追击在范围和决断力上是无人能及的。在古代世界，能与西庇阿类比的只有一个，就是亚历山大大帝，在他的战例中，战术与战略追击间屡次出现空档，这明显削弱了其用兵效率。对于他在伊苏斯战役之后的转向，可以将之视为一个战略上的争议。但
256 对于他在格拉尼库斯河（Granicus）战役和阿贝拉战役[①]之后的拖延，除了可能有距离因素外，似乎没有令人信服的理由——至少还有一个事实，其战役中从未有过像西庇阿沿贝提斯河（瓜达尔基维尔河）实施的那样持久而彻底的追击。可能有人认为，西庇阿并不总像在前面提到的那两次战役之后那样扩大战果。但仔细研究会发现，他其余的战役，若实施追击行动要么过于鲁莽，要么毫无必要——巴埃库拉战役后，穷追的话就属鲁莽之举，当时有两支生力军正向他逼近；而在扎马战役之后，就没必要追击了，因为已经没有任何敌人可以构成威胁了。

从战术转向战略，首先需要明确区分和定义，这有助于简化判断过程。战略常被狭隘地视为仅包含军事要素，而忽视了与之

① 即高加米拉战役。

交织的政治和经济要素。这种谬误对交战各国的国家体系造成了
不可估量的破坏。当这类评论家谈到战略时，他们几乎只考虑运
筹战略，即战争棋局上的时间、空间和军事力量的结合。运筹战
略与下棋之间存在明显的类比。但在更高层面且范围更广的是大 257
战略，它被定义为“统筹运用一切形式的力量，以实现政策目
标”。“战略更侧重于武装力量的调动部署，而大战略不仅包括
这些，还涵盖了推动这些行动的深层驱动力，既包括物质力量，
也包含心理因素……因此可见，大战略家同时也是政治家和外
交家。”①

作为一名运筹战略家，拿破仑在历史上是无与伦比的——除了蒙古统帅速不台，后者的能力我们可以从关于其战役的零星记载中拼凑出来。古人与拿破仑的现代先驱一样，在他们那个时代的军队组织架构中，也存在着一种缺陷，即无法进行多兵种合成，这一直持续到 18 世纪晚期师编制②的出现。此前有过分遣队合成，比如尼禄在梅陶鲁斯河迎击哈斯德鲁巴·巴卡的经典之举，但这很少见，且不可避免的，这种合成的范围和变化很小，直到军队被组织成配置齐全的、独立的战略部分——现代的师和军——正好让天才的拿破仑有可能据此开发出新的变化。但在拿破仑时代之前固有的局限性内，西庇阿展开了一系列战略举措，

① “Reformation of War,” by J. F. C. Fuller. ——作者注

② 师编制在 18 世纪中后期由法国军方创设，初期应用于七年战争（1756～1763 年）、法国大革命战争和拿破仑战争期间。

258 可以说，这在古代世界是无与伦比的：鹰从天降一般的对卡塔赫纳的突袭，谋划得如此完美，以至于三支迦太基军队中没有一支能及时援救他们的基地。他在哈斯德鲁巴·吉斯戈和马戈中的任何一人赶到前，给了哈斯德鲁巴·巴卡大胆而精准的一击，我们从波里比阿的记载中知道了这个时间差有多小。毫无疑问，这些战略行动是有意为之，而不像某些军事评论家以现代视角臆测为古代将领的偶然之举。波里比阿和李维都告诉我们，这些全在西庇阿的掌握之中。此外，西庇阿在西拉努斯指挥分遣队行动、突袭汉诺和马戈时，牵制着哈斯德鲁巴·吉斯戈，使敌方对西拉努斯的逼近毫无觉察。罗马军行军有多迅速，对方的失败就有多彻底。

接下来，向伊利帕出击的关键行动，他选择的进军方向切断
了哈斯德鲁巴、马戈与加的斯之间的交通线，这意味着，如果对
方战败，想撤退到他们设防的基地，会被瓜达尔基维尔河阻隔。
战事的结局证明了其计算的正确性，事实也的确如此——最终迦
太基军队全军覆没。这似乎是历史上第一个明确打击战略侧翼的
259 例子。由此诞生了一个真理，拿破仑在他的格言中将之具体阐
明，即“制胜之道在于掌握交通命脉”。有时也有人说这起源于
伊苏斯战役，但亚历山大的策略充其量是在战场上，而不是在战
略上，更简单的解释是：海洋封锁了另一侧翼的机动空间，而皮
纳尔河（River Pinarus）的河弯决定了其行军方向。

诚然，西庇阿在伊利帕的战略意图是一种假设，李维或者波

里比阿并未明确陈述过。但既定的进军事实，尤其是后续发展，构成了一条无可辩驳的间接证据链。就连西庇阿一贯的批评者道奇，也着重强调了此举对战略侧翼的威胁性。

在继续谈论西庇阿的阿非利加战役之前，我们可以关注他在洛克里对汉尼拔行动的预判和设下的陷阱。然后请注意，在登陆阿非利加后，他首先关注的是要获得一个安全的行动基地，在发动进攻前确立安全原则。要看到他在乌提卡附近建设的坚固防线，牵制了敌人集结起的强大军力。还要观察他在大平原上，在哈斯德鲁巴和西法克斯还未来得及组织和强化先前新征召来的士兵时，就以迅雷不及掩耳之势攻击他们。在接下来的战事中，他 260
又一次钳制敌人，这次是在迦太基，而他的分遣队在莱利乌斯和马西尼萨的指挥下，把西法克斯逐出了战争。最后，他向巴格拉达斯山谷进发，同时迫使汉尼拔跟随，也便于他自己与马西尼萨从努米底亚带来的援兵会合。他对战略棋盘的掌控如此彻底，甚至选择了最有利于己方战术特点的战场。随后，扎马战役一决胜负，紧接着他趁迦太基市民尚未从精神打击中恢复之际，就迅速扑向迦太基。

如果他犯过错误，那么在策略上他有什么错误值得一提呢？一项对军事评论的研究表明，他的批评者在这方面有些进展，不过就三条：哈斯德鲁巴·巴卡和马戈先后从西班牙逃了出来，西庇阿并未在登陆阿非利加后立即围攻迦太基。对此，显然应当这样回应：大流士，一个更重要的角色，有多少次从亚历山大大帝手中逃走了？为什么恺撒在法萨罗战役后放过了庞培？汉尼拔在特拉西美诺湖战役或坎尼战役后为什么没能攻打罗马？——批评的理由远不够充分。抓捕一个脱离军队的人是极度困难的，此外我也希望前面的章节能够回应这些空洞的批评。即使在巴埃库拉
261 之战后，西庇阿在实力上仍然明显不如在西班牙的迦太基军队，而且，哈斯德鲁巴只能躲过西庇阿的监视，带着非常虚弱的分遣队穿越比利牛斯山脉；他被迫在高卢征兵两年，然后才能向意大利挺进。马戈的逃脱更多是一种个人主义的努力。至于立即攻打迦太基的问题，如果西庇阿用他最初带到阿非利加的小规模部队包围迦太基这样一个庞大的要塞城市，他就是一个冲动的傻瓜，而不是一名将军。他先行确立稳固的作战基地，是他智慧最充分的体现；面对敌军压倒性兵力的集结，他早有远见预先构筑了坚固的防线，才得以化险为夷。

即便在现代传记作者的笔下，亚历山大的征战记录中也未见值得关注的军事运筹战略范例，除了某些快速的进军，比如从培利亚（Pelium）到底比斯（Thebes）的那次。既无战术组合，亦无制衡敌方联动之策。他的强项在于他的大战略，这个我们稍后再谈。

对汉尼拔来说，他的运筹战略主要是行军管理和精心保护他的交通线，其中只有在波河一线的行动的目的颇有争议——事实
262 上，这一行动把老西庇阿与他的执政官同僚森普罗尼乌斯（Sempronius）分开了。接下来，他佯攻罗马，试图减轻位于卡

普亚（Capua）的盟友的压力，虽然其意图很明确，但最终未能成功。首先，老西庇阿从罗讷河（Rhone）流域经里维埃拉迅速返回，这使他冒险翻越阿尔卑斯山的优势丧失了。其次，他未能阻止森普罗尼乌斯和老西庇阿在特雷比亚会合。此后无可争辩的失误还包括，他未能乘坎尼大胜之机夺占卡努西姆，更不用说突袭罗马了；被费边和马克卢斯缠住；当弟弟哈斯德鲁巴惨败于梅陶鲁斯河时，他因尼禄的精妙诈术而按兵不动且毫不知情。最后，我们看到他在扎马战役之前的初始行动中被西庇阿占了上风。汉尼拔是杰出的战术家，却不是令人印象深刻的战略家，事实上，他还不如西庇阿之前的一些罗马将领。

相比之下，恺撒在运筹战略上比在战术上更突出。但他在高卢的许多经典行动都是在对抗蛮族，而不是在对抗像西庇阿、汉
尼拔、尼禄和马克卢斯这样的训练有素的将军。在西班牙对阵庞 263
培的副将时，他以超凡的技巧从一处死地脱身，也许他本不该进入这个地方。后来在希腊，他分散了部队，丢掉了军力上的优势，在狄拉奇乌姆遭遇惨败，正如他所承认的那样："今天的胜利是属于敌人的，如果他们中有人知道该如何把握胜利的话。"如果忽视其对手的素质，那么他的撤退是一项了不起的壮举，但后来，他阻止庞培与西庇阿·纳西卡会合的尝试失败了，不得不在没有援兵的情况下与一支集结起来的大军较量。他以战术扭转了局面，却无法掩盖其战略失误。

那么，如果说西庇阿的运筹战略在古代将领中可以称得上首

屈一指，那么他与拿破仑相比又如何呢？我们可以采用历史视角，即判断一个人必须依据他所处时代的条件与工具。在这种视角下，可以明确指出西庇阿与他的军队是不可分割的，而且他是一个先驱者，拿破仑却有悠久的历史经验可以借鉴。但我们宁愿放弃这种合理和正常的比照，因为若是真进行这种比较的话，毫
264 无疑问拿破仑在这一领域是至高无上的。西庇阿作为战术大师的优势足以平衡这种差距。人们普遍认为，拿破仑的战略水平高于他的战术水平，这一补偿性因素，使得军事评论界通常把汉尼拔和拿破仑并称为伟大的统帅。我们认为，这个因素如果应用到西庇阿与拿破仑的比较上，那对西庇阿就更有利了。

我们再从运筹战略过渡到大战略。大战略既在战时存在，也在和平时期存在。简单起见，我们不妨先探讨促成战争胜利的大战略，而将西庇阿作为政治家时以战后和平为目标的那部分大战略，留待后续研究。

如果我们对公元前 210～前 190 年的考察达到了史学目的，那么可以清楚地看到，西庇阿对战争三大领域——心理、道义与物质层面及其相互作用的理解，与当今最前沿的政治军事思想刚刚萌芽的认知不谋而合。更进一步，他将这一理解转化为卓有成效的实践，或许能在下一场重大战争中为我们所借鉴——更可能的是，我们到公元 2000 年时能突破物质层面的思维窠臼，已属万幸。

要证明这一点，请看他从罗马最黑暗时刻的谷底出发，稳步

前进，坚定地向上攀登，以到达其目标之顶峰，并将罗马的旗帜插在阳光普照的全球力量之巅。西庇阿是一名登山者，而不仅仅是一名战将。选择路线的眼光，以及使他能够克服障碍的外交天赋，对他来说就像攀岩术之于登山者一样重要。他很清楚，在他的攀登中，打牢基础对每次新进展都很关键，而对军事力量的运用是他登山的冰镐。 265

请注意，他在抵达西班牙时，对迦太基军队的位置以及卡塔赫纳的重要性和地形进行了广泛的调查。他的天资告诉他，卡塔赫纳是迦太基政权在西班牙的根据地和枢纽，并向他展示了这一打击的可行性、方式和效果——它针对的是精神目标和经济目标，而不是单纯的军事目标。

拿下卡塔赫纳后，可以看到他机智地通过安抚市民来确保不遭内部背叛，并进一步将市民转变为积极的防御伙伴，以精简驻军。对西班牙人质的迅速释放和关照是相当了不起的外交高招。如果说拿破仑坐镇抵得上一个军团，那么西庇阿的外交行动能算两个。它把敌人的盟友变成了自己的盟友。

他克制住继续推进的欲望，转而让卡塔赫纳陷落及其后续影 266
响在道义与政治上持续发酵，这同样彰显了宏大的战略眼光。看到西班牙人如流沙一般倒向西庇阿，哈斯德鲁巴·巴卡不得不发动攻势，这让西庇阿能够在其他迦太基军队到来之前打败他。胜利再次开启外交之门，而外交也反过来助力新的胜利。他没有索取赎金就把西班牙俘虏送回家，更精明的是，他还给了马西尼萨的侄子很多礼物——历史上恐怕再没有比这更划算的礼物投资了。

接下来，西庇阿迅速地将汉诺的威胁扼杀在萌芽状态，而与之相反的是，他避免将武力浪费在一些无法带来相应利益的小规模围城战上。西庇阿在西班牙的行动所产生的广泛影响也值得注意，因为李维告诉我们，当年在意大利的汉尼拔第一次陷入无所作为的状态——由于迦太基更急着保住西班牙，汉尼拔并没有从国内得到补给。

267 从此刻起，西庇阿的大战略便是逐步减轻罗马承受的压力。他的成功，迫使迦太基人把可能对意大利战局起决定性作用的力量投到西班牙，而在伊利帕，西庇阿将他们彻底歼灭了。

西班牙战局刚定，在转向清剿行动前，西庇阿宏大的战略眼光已聚焦到阿非利加。他大胆地拜访西法克斯，与马西尼萨会面并将其派往努米底亚；他做了两手准备，很快就会在迦太基的心脏地域插上一把尖刀。在接下来几年，他对战略目标的精准把握和不屈不挠的执行力，为后世树立了一座永恒的灯塔。他谋划、准备，不断朝着目标努力。敌人的军事干涉对他而言几乎是最小的困难。爱的激情挫败了他最精明的外交举措之一，但他的计划太灵活，构思太周密，即使是这一打击，也只能产生短暂的效果。嫉妒的对手、目光短浅的政客、军事上的“顽固派”尽其所能，以最恶劣的方式阻止他，失败后又转而限制他的兵权。他用冒险分子和丢脸的败兵建立起一支新军队，并对之加以训练。

然而，他从不轻率行事，也从不犯错，时刻牢记审慎原则。他再次通过外交手段，在西西里建设了一个可靠的供给基地。他派遣 268
一支侦察队去弄清楚阿非利加的局势，意识到马西尼萨实力薄弱后，在自身武力淬炼完毕前拒绝仓促行动。登陆后，他首先致力于获得一个安全的行动基地。在精准评估了迦太基与自身实力的优劣后，他将当前目标与现有资源完美匹配。接下来的每个步骤都目的明确：削弱迦太基的军事和政治名望，转而增强本方的声威。虽然这个最终目标在现实中还未达成，但在如此接近成功时，他表现出的自制力对于一个这么年轻、这么早就取得如此功绩的指挥官来说，几乎是奇迹。他早已意识到，西法克斯和马西尼萨是迦太基在阿非利加的两大支柱。在试图撼动这一势力根基之前，他的首要目标是破坏它的稳定，即取走一根支柱，而推毁另一根。当目的就要达成时，情感的冲动再次介入，威胁到了他的军事成就，就像先前挫败了他的外交努力一样，但他以大师级的心理战术，挫败了索福尼斯巴的伎俩，化解了危机。

既然安全得到了保障，他就把目标对准迦太基本身，并在迦太基城之下停了下来；如果可能的话，力求以心理上的胜利来节制武力，而不是精疲力竭地围城。这一行动取得成功，迦 269
太基投降了，汉尼拔仍在海外，爱莫能助。而当和平条约遭严重违背时，西庇阿并没有手足无措。通过一系列自信、快速的动作，以及军事、经济和心理的完美结合，他在很短的时间内将死了对手。就政策的连续性、心理和物质力量的结合以及成就的圆满而言，历史上有什么能与之相比的呢？西庇阿是大战略的化身，因为他指挥的战役是历史上所谓大战略的最佳典范。

亚历山大大帝当然是早于西庇阿的第一位大战略家，但毫无疑问，在治理举措方面，他随性而为，而非像西庇阿那样以精巧的算计为标志。他的任务要简单得多，作为一个专制君主，他没有任何西庇阿所需要克服的那种内部障碍。最重要的是，由于与现代政治和体制条件的高度相似性，西庇阿的大战略对今天的我们来说是一个活生生的研究课题。

亚历山大的成就也许在规模上超越了西庇阿，但事实上并不大多少，因为如果说亚历山大为自己创建了一个从多瑙河到印度
270 河的帝国，那这个帝国在他死后就分崩离析了，而西庇阿为罗马建立的从大西洋延伸到黑海和托罗斯山脉的帝国，则是一个经久不衰、不断壮大的帝国。亚历山大的帝国建立在腓力二世奠定的基础上，而在西庇阿登场的时刻，罗马在意大利的权力根基正被一个外来的敌人所动摇。亚历山大的战略也有严重的缺陷，当他巩固位于小亚细亚的进攻基地时，面临着失去在欧洲的大本营的严重危险。在解散舰队后，他把欧洲海岸暴露在比他强大的波斯舰队面前，而大流士手下能干的指挥官门农，抓住了这个机会；在希腊，怨恨的余烬亦在亚历山大的后方燃烧起来。只是门农的死让亚历山大逃过一劫，并为他赢得了时间来实施自己的计划，通过对波斯海军基地的地面进攻来削弱波斯的海

上力量。由于缺乏战略侦察，亚历山大错误地绕过了驻扎在叙利亚北部、伺机而动的大流士军队，后者南下切断了他的交通线——这一危机唯有通过他在伊苏斯回师反击、取得战术胜利才得以化解。这与西庇阿在每一次行动前进行周密的战略侦察和情报搜集形成鲜明对比。如果说从规模上看亚历山大的大战略有微弱的优势，那么西庇阿的大战略显然在质量上更胜一筹。 271

在西庇阿与拿破仑的比较中，如果我们承认拿破仑在运筹战略方面的优势，我们就必须同时考虑到他在战术和大战略上的劣势。作为一位大战略家，拿破仑功败垂成，这不仅因为他未能实现大战略的根本目标——繁荣稳定的和平，还体现在他多次误判对手心理、忽视自身行动的政治经济影响，以及后期对军力与资源的过度消耗等方面。

最后，让我们指出，亚历山大拥有腓力奠定的军事根基，汉尼拔手握哈米尔卡留下的资产，恺撒的功业由马略做铺垫，拿破仑也有莫罗为他打基础，然而，西庇阿的一切都必须在灾难中重建。

我们再从比较为将之道转到比较性格。在这里详细列举西庇阿在做人方面具备的杰出品质是令人厌烦的。他的自律、他的自控能力、他的同情心、他风度的魅力、他对士兵的吸引力（这一点所有伟大的统帅都具备）、他奋发有为的精神，这些都在他的行动和演讲中熠熠生辉。关于他的私生活，除了推断外，我们知之甚少。他娶了在坎尼战役中阵亡的执政官埃米利乌斯·保卢斯 272

（Æmilius Paullus）的女儿埃米利娅（Æmilia）为妻，这场婚礼显然是在他从西班牙回国后、启程前往阿非利加前举行的。

从流传下来的一两件轶事看，这段婚姻似乎是美满的，相较当时习俗，西庇阿对妻子的想法表现出了更多的尊重。在加图看来，埃米利娅在个人品位方面太过奢靡了，这一点似乎是可以肯定的；她可能是罗马女性社交圈的领头人之一，而加图直接对她们表示不满，指控她们在城镇里“穿着花里胡哨的衣装，或乘坐多匹马拉的马车”，认为她们会破坏社会结构，引发不满情绪。西庇阿对妻子的纵容，以及他对待妻子比对待奴隶更好的这种违背传统的行为，无疑是令加图耿耿于怀的原因。西庇阿的家庭生活形成的家风，可以通过间接结果清楚地看到。他们的女儿科尔内利娅（Cornelia）嫁给了提比略·格拉古，显然这是在他慷慨陈词维护西庇阿名誉之后的事情，科尔内利娅是格拉古兄弟[①]的母亲。她对孩子们的教育方式，以及灌输给这些未来改革家的人生准则，都是历史上最崇高的篇章之一。

273 在家庭生活之外，西庇阿对社会文化史的影响在于他对希腊文学和哲学的热爱与推介。（他是）“一个学识渊博的人”，他读写希腊语的水平与读写拉丁语的水平相当，据说他用希腊语写了自己的回忆录。显然，由于对希腊文化的研究，在记载下来的他的行为和言论中，有着深刻的希腊哲学的印记。他似

① 格拉古兄弟是古罗马历史上著名的改革者。

乎从希腊和罗马文化中汲取了最好的元素，并将它们融会贯通，扬弃了罗马共和国早期的粗陋与狭隘，而又未减弱其阳刚之气。他的影响力如此之大，可以说他是罗马文明的奠基人。“礼节的兴起、他们对礼仪的偏爱以及对文学的热衷，都归功于他。”有一个非常感人的例子：他与诗人恩尼乌斯[①]的友谊以及对其的敬仰体现了他对文学的热爱，以至于他下令，在他过世后，恩尼乌斯的半身像要和他的半身像一起放在西庇阿家族的墓地里。然而，正是这种作为文明和人文的传道者所造成的影响，使老派的罗马人对他产生了强烈的仇恨，同时也激起了他们的恐惧。加图和他的同伙也许可以容忍他在军事上的成功跟自信，
但除了垮台，没有什么能弥补西庇阿在推介希腊习俗、哲学和 274
文学方面的罪过。这种文化传播很可能害了他，甚至比他对小肚鸡肠的蔑视和对被击败敌人的宽容更削弱了他的影响力。这是他的敌人对他的人格能提出的唯一指控。敌人会抓住一切可能的弱点发难，因此指摘伟人的道德相较而言是最有效的做法。他的敌人只能就这方面进行责难，这反而最有力地证明了他品德之高尚。

就这一考验而言，在古代的伟大统帅中，只有西庇阿一人在道德上没有明确的可指摘之处。诚然，我们可以驳斥针对汉尼拔的大多数指控——渎神、贪婪、背信弃义以及超越当时习

① 即昆图斯·恩尼乌斯（Quintus Ennius，约前 239~约前 169 年），古罗马诗人，写过戏剧、史诗和其他文学作品，在古罗马文学史上占有重要地位。

俗的残暴。但对亚历山大大帝，不管我们可以如何宽容其他的指控，他的缺点仍包括：缺乏自控力，带有偏见和脾气暴躁；不公正还又残酷，就像对帕尔梅尼奥那样；野心勃勃，自负到近乎狂妄；还发酒疯。亚历山大有着阿喀琉斯式的性格缺陷。

同样，恺撒的许多伟大品质也无法掩盖他在性上面的放纵、他的政治腐败与阴谋，以及驱动其事业与成就的自私动机。恺撒
275 和西庇阿的职业生涯有一些有意思的类比之处：恺撒通过阴谋和威胁拿到了高卢行省，西庇阿是在国家处于危难时刻应召获得了西班牙；恺撒是为征服罗马而组建和训练军队，西庇阿这么做是为从外敌手中拯救罗马；恺撒渡过的是卢比孔河，西庇阿渡过的是巴格拉达斯河；他们的目标也不同，恺撒举行“凯旋式”是因为战胜了罗马同胞，西庇阿则是因为打赢了西法克斯和汉尼拔。最后，如果“物以类聚，人以群分”这句话没有问题，那就拿喀提林[①]与莱利乌斯、恩尼乌斯做个对比。拿破仑那句“浸染公民鲜血的桂冠，荣光终将凋零”，出自其口着实讽刺，因为他的野心耗尽了法国人的鲜血，正如恺撒榨干了罗马人的鲜血一样，这就足以将桂冠从他们两人的头上摘下。西庇阿跟他们对比就更突出了，西庇阿以最少流血、最节省兵力的方式，无私地为祖国服务。因此，我们不难猜出为什么拿破仑的军事偶像名单上

① 即路西乌斯·塞尔吉乌斯·喀提林（Lucius Sergius Catilina，约前 108～前 62 年），古罗马共和国末期政客，没落贵族出身。公元前 64 年和公元前 63 年两度竞选执政官未成，据称他准备组织没落贵族和苏拉手下老兵发动武装政变夺取政权，却因遭西塞罗揭露而失败。恺撒曾为喀提林的行为辩护。

少了西庇阿！

以任何道德标准来衡量，西庇阿在伟大的统帅中都是独一无二的，他具有崇高和纯洁的灵魂，这在哲学或宗教领袖中也许可以觅得，但在世界上最伟大的实干家中却很难见到。一个世纪以 276
前，一名教士，也是西庇阿的英文传记作者之一，其作品失之于简洁，缺乏史料，没有对西庇阿的军人生涯进行研究，但在评价西庇阿时，他仍以罕见的洞察力和天才的警句写道："较恶贯满盈者更强悍，比誉满天下者更高尚。"

最后，我们仍要把西庇阿作为一个政治家来看待，他的大战略的一部分毫无疑问是基于和平。瑟兰·德·拉·图尔神父（Abbé Seran de la Tour）于 1739 年编撰了西庇阿的传记，将此书献给路易十五，并在献词中写道："国王只要以整个罗马历史上最伟大的人物西庇阿为榜样就行了。这个特殊的英雄似乎是上天恩赐的，他为这个世界的统治者们指明了公正统治的艺术。"路易十五对这个建议恐怕是束之高阁，他是个在商议问题时"张着嘴，很少说话，根本不思考"的人，他的生活中既充满了庸俗的恶习，又缺少崇高的目标。我们可以猜想，这名神父挺会说尖刻讽刺的话。

当西庇阿登上历史舞台时，罗马的势力甚至没有扩展到整个
意大利和西西里岛，而这有限的领土统治亦被汉尼拔蚕食，更因 277
其大兵压境而遭受严重威胁。西庇阿去世后，罗马是整个地中海世界无可争议的女王，在地平线上没有一个潜在对手。这一时期

是整个罗马历史上扩张最厉害的时期，这要么可以直接归因于西庇阿的行动，要么是他间接促成的。但如果说在领土上他是罗马帝国的缔造者，那么在政治上，他的目标不是吞并，而是控制地中海地域的其他民族。他遵循并拓展了罗马之前的政策，他的目的不是建立一个中央集权的、专制的帝国，而是一个有首脑的联盟，在这个联盟中，罗马应该拥有政治和商业上的霸权，它的意志应该是至高无上的。这与现代的情况有非常相似的地方，这使对其政策的研究具有特殊且重要的意义。恺撒的所作所为给罗马权势的衰落铺了路。西庇阿的工作使由生机勃勃的国家组成的国际共同体成为可能，这些国家承认罗马的霸主地位，但为维持政体繁荣与延续，保留了必需的独立内部机构。如果西庇阿的接任者能稍微继承一些他的智慧和远见，罗马帝国可能会走类似于现
278 代大英帝国的道路，会以罗马为势力中心，周围设立一些半独立、有实力的缓冲国，如此一来，蛮族的入侵可能会被挫败，历史的进程会被改变，文明的进程也能够避免一千年的低迷和几乎同样长的恢复期。

仅凭他提出的和平条款，西庇阿就可以跻身世界伟大征服者之列——他毫无报复之心；巧妙地在确保军事安全的同时，尽可能减轻被征服者的苦难；坚决避免吞并任何文明国家。被征服者不会一直想着复仇或者伤痛，这为西庇阿将敌人转变为真正的盟友，使其成为罗马势力的有效支柱铺平了道路。西庇阿这个名字本意是“支柱”（staff），而他在战争与和平中的大战略，恰是

这一名称的至高诠释。

西庇阿政策的特点与他做人的个性是一致的，他蔑视君权下的吞并所带来的浮华光环，看重的是宽容的领导所带来的真金白银。西庇阿为罗马的美好和伟大而努力，但他不是狭隘的爱国者，而是一个真正的放眼世界的政治家。西庇阿和恺撒之间的区别在后面这句话中得到了明确的体现：“扎马把世界给了罗马，法萨罗把世界给了恺撒。”但即便如此，西庇阿也被低估了，他 279
的贡献远在罗马的荣耀之上，他对人类整体都做出了伟大的贡献。他不是一个国际主义者，而是一个最广博、最有判断力的泛民族主义者。

阿提拉被称为“上帝之鞭”，而从汉尼拔到拿破仑，大多数伟大的统帅都没有更高的目标理念，只想把他们的敌人，或者最多是他们国家的敌人打到屈服为止，差异只存在于程度上。因此，这种谬误带来了同样短视的反应，这导致约翰·理查德·格林（John Richard Green）在他的《英国人民简史》（*History of the English People*）中写道：“这是历史学家的耻辱，他们将历史变成了纯粹的人类相互残杀的历史。”接着他荒谬地宣称：“战争在欧洲各国的真实历史中只占很小一部分。”因此产生了一个非常庞大的现代历史学家学派，他们毫无理性地寻求在书写历史时不提及战争，更不用说研究战争了。不认同战争是一种影响世界的力量，就是把历史与科学分离，并将其变成童话。西庇阿的大战略是指引历史研究路径的一个真正路标。西庇阿实施起军事打

击，至少与其他任何伟大的统帅一样有效和出色，但他目之所及
280 又不仅仅是对目标的军事打击。他天才地意识到，和平与战争是
世界运转的两个轮子，然后他提供了一根杆子或轴，把和平与战争连接起来，并对这两者加以控制，以确保世界继续向前协同发展。西庇阿之所以能永垂不朽，是因为他是罗马和世界的支柱，而不是鞭子。

参考文献

经过反复思考、与他人讨论，我决定不在本书的正文页中堆 281
砌参考资料脚注，而是在这里列出各种史料来源。现在的流行时尚倾向于把历史研究当成文学卡片索引，而不是一本可供阅读的书，而且在许多时候，这一做法达到了脚注淹没文本的地步。经验表明，即使是最简单的注脚，也会分散读者的注意力，并暂时打断阅读的流畅性。有鉴于此，我在正文页中尽可能省略了脚注，除非它们可以很好地与正文结合。如果有些读者认为我的这一决定不妥，我至少可以申辩：持此立场者不乏同道。

除了波里比阿的以外，运用所有的古代文献都要特别小心。这些资料是：

Polybius, X. 2-20, 34-40; XI. 20-33; XIV. 1-10; XV. 1-19; XVI. 23; XXI. 4-25; XXIII. 14.

Livy, XXI. -XXII. , XXV. -XXXIX.

Appian, *Punica*, *Hisp.* , *Hann.* , *Syr.*

Aulus Gellius, IV. 18.

Cornelius Nepos, XXXI. -XXXII. ; *Cato*; *Hannibal.*

Plutarch, *Cato*; *Æmilius Paullus*; *Tib. Gracchus.*

Valerius Maximus, III. 7.

译后记

从亚平宁半岛台伯河沿岸的蕞尔小邦，到横跨亚欧非的大帝国，罗马的崛起，可谓世界历史上最激动人心的进程之一。然而，罗马的征服之路并不是渐进、匀速的。公元前 2 世纪初是一个重要的分界点：在此之前，罗马的扩张之路举步维艰，统一小小的亚平宁半岛就花了数百年时间；之后却是势如破竹，仅用约半个世纪，就平定了地中海沿岸的大部分地区，未来辉煌的罗马帝国的疆域，至此已基本确立。为什么会有这一现象？如果做一个简单的考察，就会发现这一时间段罗马出现了一位关键人物：西庇阿·阿非利加努斯。

西庇阿出身名门，是罗马世家科尔内利乌斯氏族的成员；他是杰出的国务活动家，在进入政界后展现出高超的政治手腕；他具备良好的文化修养，一生致力于将希腊文化引入罗马社会；当然，他最重要、最突出的贡献，是在战场上所向无敌，击败了罗马历史上最大的敌人——迦太基名将、“战略之父”汉尼拔。他深邃的战略眼光，让罗马人在踏上战场前就已手握主动权；他卓越的指挥技艺，使得罗马军团不再仅凭蛮力与正面对抗来压垮对手。日本作家盐野七生（著有《罗马人的故事》）认为，西庇阿是一位军事、政治、外交全才；本书的作者、英国战略家利德尔·哈特说他比拿破仑更伟大；而若让译者评价的话，西庇阿·阿非利加努斯是最具罗马精神的罗马人。

不过这样一位人物，相较恺撒、西塞罗、屋大维、图拉真等罗马名人，在国内知名度要小得多，这跟他在西方历史上的地位是极不相称的。本书译自利德尔·哈特 1926 年出版的 *Scipio Africanus：Greater Than Napoleon*。利德尔·哈特是 20 世纪著名的军事理论家，让这位内行来给西庇阿作传无疑是非常合适的。我很荣幸将本书翻译介绍给国内同好。利德尔·哈特是老派的英国文人，在写作中用了大量军事、文学方面的典故，其中不少对于我来说颇为生僻；因此，尽管作者在参考文献部分提及（尽可能地）“省略了脚注”，但我在翻译过程中觉得，这些在英语世界读者看来耳熟能详的典故，中文世界读者并不一定了解。在此，我要特别感谢黎建熙（Benjamin Lai）先生，在他的帮助下，本人将这些典故一一释读，以脚注的方式加在书中；同时，我还在查阅相关资料的基础上，对一些有助于理解的知识点做了注释，以便读者参阅。此外，本书还添加了原书页码（即本书的页边码），以便读者对照原文。本书篇幅虽短，但翻译起来颇费脑力，现今终于成稿，极为欣慰。如有不当之处，还请读者们批评指正。

顾剑

2025 年 6 月改定

图书在版编目（CIP）数据

阿非利加征服者：比拿破仑更伟大的西庇阿 /（英）B. H. 利德尔·哈特（B. H. Liddell Hart）著；顾剑译. 一北京：社会科学文献出版社，2025. 8

书名原文：Scipio Africanus：Greater Than Napoleon

ISBN 978-7-5201-8308-6

Ⅰ. ①阿… Ⅱ. ①B… ②顾… Ⅲ. ①西庇阿-传记 Ⅳ. ①K831. 985. 52

中国版本图书馆 CIP 数据核字（2021）第 087466 号

地图审图号：GS（2022）3277 号（书中地图系原文插附地图）

阿非利加征服者
——比拿破仑更伟大的西庇阿

著　　者 /［英］B. H. 利德尔·哈特（B. H. Liddell Hart）
译　　者 / 顾　剑

出 版 人 / 冀祥德
组稿编辑 / 董风云
责任编辑 / 张冬锐　钱家音
责任印制 / 岳　阳

出　　版 / 社会科学文献出版社·甲骨文工作室（分社）（010）59366527
地址：北京市北三环中路甲 29 号院华龙大厦　邮编：100029
网址：www. ssap. com. cn
发　　行 / 社会科学文献出版社（010）59367028
印　　装 / 三河市东方印刷有限公司

规　　格 / 开　本：889mm×1194mm　1/32
印　张：7. 375　插　页：0. 375　字　数：148 千字
版　　次 / 2025 年 8 月第 1 版　2025 年 8 月第 1 次印刷
书　　号 / ISBN 978-7-5201-8308-6
定　　价 / 59. 00 元

读者服务电话：4008918866